CB029433

16	3	2	13
5	10	11	8
9	6	7	12
4	15	14	1

Marion, Condessa Dönhoff

❧❧

Minha infância na Prússia

❧❧

Tradução de Sonali Bertuol

editora■34

EDITORA 34

Editora 34 Ltda.

Rua Hungria, 592 Jardim Europa CEP 01455-000

São Paulo - SP Brasil Tel/Fax (11) 3816-6777 editora34@uol.com.br

Capa, projeto gráfico e editoração eletrônica:

Bracher & Malta Produção Gráfica

Revisão:

Adrienne de Oliveira Firmo

Alexandre Barbosa de Souza

1ª Edição - 2002

Catalogação na Fonte do Departamento Nacional do Livro

(Fundação Biblioteca Nacional, RJ, Brasil)

Dönhoff, Marion,

D217m   Minha infância na Prússia / Marion Dönhoff;

traducão de Sonali Bertuol. — São Paulo: Ed. 34, 2002.

240 p.

ISBN 85-7326-259-1

1. Narrativa alemã - Biografia. 2. Prússia

Oriental. I. Título.

CDD - 833

✿ *Índice* ✿

Minha infância na Prússia

❧ *Friedrichstein* ❧

Os filhos de meu irmão que morreu na guerra inventaram um jogo que girava em torno da pergunta: "Quantos apertos de mão há entre você e...?". Ao final, mencionava-se o nome de uma pessoa conhecida, se possível famosa, que estivesse muito distante, de preferência no sentido histórico.

Eu tinha condições de derrotar todos os outros jogadores, pois quando nasci meu pai tinha 64 anos, e seu pai, quando ele nasceu, 48. Em outras palavras, o ano do nascimento de meu avô foi 1797, o que, sem dúvida, era extremamente vantajoso para os fins de nosso jogo de salão.

Ele, meu avô, era diplomata e, por um curto período, foi também ministro das Relações Exteriores; era um homem culto e experiente, muito bem relacionado com os artistas e cientistas de sua época, de forma que para mim não era difícil comprovar que apenas três apertos de mão me separavam de Humboldt, Schadow, Rauch ou Goethe.

Talvez tenha sido apenas por meio desse jogo que torna tão nítida a própria história que eu tenha percebido o quão longe recua meu passado imediato, que me define. E não apenas na simples distância cronológica, mas também com respeito aos substratos sociológicos e culturais aos quais ele remonta. Os descendentes do *Ancien Régime* ainda pisaram a soleira do meu quarto de criança, pois na verdade até o fim da Primeira Guerra Mundial — na época, eu tinha menos de 10 anos de idade — a Alemanha era uma sociedade semifeudal.

Isso se evidencia pela influência que nessa época a nobreza ainda possuía na administração pública e na hierarquia militar: na eclosão da Primeira Guerra Mundial, todos os comandantes dos 18 corpos do exército, prussianos e alemães, eram nobres. No período final da monarquia, dos 13 presidentes das províncias prussianas — portanto, os mais altos representantes do governo provincial — 11 pertenciam à nobreza. Todos os embaixadores — na época existiam apenas nove, pois o Império Alemão era representado por embaixadas somente nos países mais importantes — pertenciam à nobreza e, dos 38 legados que representavam a *Wilhelmstraße*[1] nos países menores, apenas quatro não eram nobres.

Um deles era Ulrich Rauscher, chefe da representação diplomática em Varsóvia. Em 1922, um tio meu foi nomeado seu conselheiro de legação, e eu me lembro que na ocasião discutiu-se seriamente se aquele diplomata que não pertencia à nobreza tinha condições de dominar todas as nuances do *métier*, incluindo-se aí tradição, estilo e tato.

Como se vê, são sempre os preconceitos, criados de forma consciente ou inconsciente pelos interessados, que dominam as concepções a respeito dos outros. Assim, até prova em contrário, naquela época ninguém acreditaria que um dia judeus pudessem ser valorosos soldados ou excelentes agricultores. Na história, não são os fatos que são decisivos, mas as idéias que as pessoas têm sobre os fatos.

---

[1] A *Wilhelmstraße* era a rua do Ministério das Relações Exteriores em Berlim, e designa, por extensão, esse órgão do governo. [N. T.]

Quando eclodiu a Primeira Guerra, meus irmãos mais velhos já estavam na idade de pensar e por isso eram para mim uma espécie de elo entre "antigamente" e o novo tempo. O novo tempo, o meu tempo, começou, portanto, com o fim da monarquia e o início da era democrática. A época anterior à Primeira Guerra Mundial — embora ainda não estivesse distante — eu conhecia apenas de ouvir contar.

Devo uma imagem especialmente viva dessa época a um trecho que encontrei nas memórias de juventude de Otto von Hentig. O diplomata Otto von Hentig, famoso pela aventurosa *Reise ins verschlossene Land*[2], que empreendeu no Afeganistão em 1915 a serviço do Ministério das Relações Exteriores, é pai do conhecido pedagogo Hartmut von Hentig. Otto von Hentig, nascido em 1886, descreve em suas memórias uma visita da família Hentig a Friedrichstein, minha casa paterna:

> "Creio que foi no verão de 1902 que visitamos pela segunda vez o castelo que ainda era mantido em grande estilo. Em Königsberg, fomos apanhados por uma carruagem puxada por duas parelhas de cavalos negros e acompanhada por um carro para a bagagem. Nossos pais foram novamente hospedados nos aposentos reais, isto é, nos cômodos do palácio que eram ocupados pelos reis da Prússia quando em visita à Prússia Oriental. Esses aposentos já haviam sido habitados por Frederico Guilherme I, depois pelo 'velho Fritz'[3]

---

[2] *Viagem à terra proibida.* [N. T.]

[3] Frederico, o Grande (1712-1786), rei da Prússia entre 1740 e 1786. [N. T.]

e por Frederico Guilherme II e IV. Para nós, as crianças, foram destinados os quartos dos fundos, que também faziam parte dos aposentos reais.

Logo após a celebração da oração matinal pelo conde August junto com cerca de 20 jovens domésticas, algumas delas bastante atraentes, todas em uniformes cor-de-rosa, e também com a presença do primeiro, segundo e terceiro criados, era servido, numa gigantesca travessa de prata, o lauto café-da-manhã. Todas as noites havia jantares a rigor, com convidados das cercanias e de Königsberg, além dos constantes hóspedes do meio diplomático, da alta nobreza e da elite intelectual."

O castelo de Friedrichstein, construído em 1709-1714, foi um dos três castelos mais importantes da história da arte na Prússia Oriental. O estuque das salas de recepção, em autêntico estilo rococó, foi aplicado por italianos em 1750.

Com exceção do número de domésticas, que, ao que me parece, adquiriu proporções superdimensionadas nas lembranças de Otto Hentig, eu ainda vivi um pouco dessa época: a carruagem de cavalos negros, por exemplo, ou a oração matinal, só que no meu tempo não era mais celebrada pelo meu pai e sim pela minha mãe. Ainda existia o primeiro criado, que se chamava Kadow, muito digno em seu terno preto ou fraque, e seus dois subordinados com seus casacos de linho listrados ou, em ocasiões festivas, com escarpins pretos, meias três-quartos vermelhas, sapatos com fivelas de prata e um casaco semelhante a um fraque. As seis domésticas que ainda havia na minha infância usavam de fato vestidos listrados cor-de-rosa claro; as três criadas da cozinha, por sua vez, não estavam incluídas nessa paixão pelas librés.

Em geral, a hierarquia era observada com tanto rigor nos níveis inferiores quanto entre os dignitários na corte. A cozinheira jamais faria uma refeição com as criadas da cozinha, ou a castelã, a senhorita Schikor, com as domésticas, que tinha sob suas ordens; a cozinheira e a castelã sentavam-se à mesa numa sala especial à qual apenas a camareira de minha mãe tinha acesso e, ocasionalmente, um ajudante solteiro do administrador, o chamado *élève*. Os três jovens cocheiros subordinados ao cocheiro-mor também faziam as refeições no castelo e tinham uma mesa própria — no entanto, apenas num local de passagem.

As domésticas e os cocheiros provinham todos da aldeia ou, como as pessoas diziam, do condado, isto é, de uma das propriedades que o formavam. O fato de serem tantos se explica pelo número ainda muito pequeno de indústrias na época e pela conseqüente escassez de oportunidades de trabalho na cidade; além disso, naturalmente, o serviço no castelo era preferível ao trabalho na agricultura — sempre havia bastante gente querendo trabalhar lá. Embora o salário não fosse alto, a vantagem de fazer um serviço leve e de receber roupa e comida tinha um peso considerável.

Em comparação com hoje, era ainda uma economia amplamente não monetária. Os camponeses também recebiam a maior parte do salário em espécie: moradia, lenha, cereais para o pão e para a ceva dos porcos, além de leite ou permissão para criar vacas e uma determinada área para o cultivo de batatas. As batatas desempenhavam um grande papel na vida rural, das mais variadas formas.

No outono, meu maior prazer era ajudar o mestre Klein, o marceneiro, ou alguma outra pessoa querida a colher batatas em sua lavoura. O melhor momento era no final, quando os montes de ramas secas eram queimados e a fumaça cinzenta se erguia por toda a parte no campo, como a fogueira de uma oferenda sagrada. Então um sentimento indefinível e insondável de melancolia outonal tomava conta de mim. Ainda hoje, quando vejo uma cena como essa no leste, eu me lembro dos versos de Rilke:

> "Magst Du auch sein weit über Land gefahren,
> fällt es Dir doch nach Jahren stets wieder ein"[4].

---

[4] "Por muito que tenhas percorrido a Terra, mesmo depois de anos sempre lembrarás" (Rainer Maria Rilke, 1875-1926). [N. T.]

🎕 *Visita de Hindenburg* 🎕

Meus quatro irmãos mais velhos — dois irmãos e duas irmãs — tinham de oito a 10 anos a mais do que eu. Meu irmão mais velho, com 17 anos, chegou a participar como voluntário da Primeira Guerra Mundial. Dos três pequenos, eu era a mais nova: antes de mim havia meu irmão Christoph, três anos mais velho, e uma irmã doente, para a qual havia uma enfermeira particular.

Minhas próprias lembranças da Primeira Guerra Mundial resumem-se a uma visita de Hindenburg, que passou uma semana de férias em Friedrichstein em 1916. No início da guerra, quando os russos invadiram a Prússia Oriental em agosto de 1914, nós, as crianças, fomos mandadas para a casa de uma irmã de minha mãe, casada com um Sr. von Helldorff, na Saxônia. Só fomos resgatadas depois que Hindenburg expulsou os russos da Prússia Oriental na batalha de Tannenberg.

Essa batalha logo tornou-se um mito; dizia-se que a ofensiva russa havia atolado nos pântanos masurianos — eu via os russos a pé, paralisados no lodo, e, naturalmente, sentia muita pena deles. O herói da batalha era o vitorioso marechal-de-campo general von Hindenburg, um nome em torno do qual havia muitas lendas.

Quando ele chegou a Friedrichstein, eu fiquei muito desapontada, pois ele não correspondia em nada à imagem que eu havia feito dele. Ele era alto e pesado, tinha um andar duro, com estranhos passinhos curtos, e com seu bigode para mim mais se parecia com um quebra-nozes que eu vira num livro de figuras do que com o herói olímpico da minha imaginação. Hindenburg havia se retirado do exército em 1911, e contava-se que em agosto de 1914 — com 67 anos — havia sido chamado tão repentinamente que não tivera tempo de vestir o uniforme cinza-esverdeado de combate e chegara à Prússia Oriental com uma espécie de dólmã.

Em 1916, o marechal-de-campo von Hindenburg passou uma semana de férias em Friedrichstein. Minha mãe e o "vencedor de Tannenberg" em frente à igreja de Löwenhagen.

Tannenberg foi provavelmente a única batalha na Primeira Guerra Mundial em que houve um cerco; 90 mil soldados foram feitos prisioneiros. Deve ter sido de fato uma estratégia genial; sete dos oito exércitos alemães estavam mobilizados na frente ocidental, de forma que para deter as tropas russas, numericamente muito superiores, havia apenas um exército na Prússia Oriental.

✿ *Fracasso na escola* ✿

Era uma grande família que todos os dias se reunia em volta da mesa. Grande sobretudo porque todos os filhos tinham aulas em casa. Portanto, havia preceptores, governantas e uma francesa. Além de uma secretária para meu pai e, como hóspede permanente, uma amiga de minha mãe que, para nosso desgosto, se achava no direito de ditar regras de comportamento nas mais diversas ocasiões. Era uma solteirona sem senso de humor, de sobrenome Zedlitz, que vivia metendo o nariz onde não era chamada.

Edith Zedlitz — com certeza inspirada pela guerra — estava sempre atenta em economizar ao máximo. Assim, nunca podíamos passar manteiga e geléia sobre a mesma fatia de pão; ela também era muito inventiva no que se referisse a qualquer "substituto". Um substituto para o café era feito com bolotas de carvalho, que nós tínhamos que juntar. A fuligem brilhante que era raspada de uma determinada chaminé servia de matéria-prima para graxa de sapatos e o sabão era fervido a partir sabe Deus de que resíduos.

Hoje não se pode fazer idéia da pobreza generalizada daquele período após a Primeira Guerra Mundial: os moradores da cidade vinham para o campo com mochilas nas costas para catar as espigas que haviam sobrado nos campos após a colheita e que em casa tinham que debulhar de alguma forma complicada e, depois, ainda moer para então, finalmente, poder assar o resultado. Durante a semana, os camponeses usavam tamancos de madeira, somente aos domingos tiravam os sapatos dos armários, para ir à igreja, e mesmo assim muitas vezes apenas os calçavam na entrada da aldeia; no caminho para casa, eles os carregavam novamente nas mãos, para poupá-los. Também lá em casa economizávamos em tudo. Assim, nas viagens de trem nunca íamos na segunda classe — na primeira, de qualquer forma, nem pensar —, mas sempre nos duros assentos de madeira da terceira, mesmo em trechos longos como de Königsberg a Berlim.

Depois de 1918, a roda em volta da mesa ampliou-se ainda mais com o constante fluxo de emigrantes russos e refugiados bálticos. A maior parte deles logo partia novamente, apenas a família do príncipe Lieven ficou conosco durante anos. Ela era constituída pelo distinto e muito sereno chefe da família, por sua nervosa, um pouco louca, mas extremamente divertida esposa e cinco filhos: Egon, Sigrid, Nicol, Marieluise, Joachim. Com exceção de Joachim, eu perdi todos de vista.

A propósito, seu destino foi especialmente trágico. Durante a Segunda Guerra Mundial, quando eu era responsável pela administração das propriedades, por diversas vezes consegui persuadir as autoridades a dispensá-lo do serviço militar, fazendo-as reconhecer que sua ajuda como única força masculina — meus irmãos estavam na guerra — era imprescindível para mim. Mas, no último ano da guerra, esse argumento não surtiu mais efeito: ele foi recrutado e, sem que alguém pudesse fazer algo para impedir, foi enviado justamente para uma unidade de combate da SS. Para um fervoroso antinazista, um severo golpe do destino. Sua última carta, enviada da região de Kolmar, chegou em janeiro de 1945; depois nunca mais tivemos notícias dele.

Para meus irmãos mais velhos, meus pais haviam contratado preceptores, governantas e professores de língua estrangeira. Isso também se estendia ao meu irmão três anos mais velho, que já falava francês antes de aprender alemão; foi com ele, tão maltratado quanto eu por nossos irmãos mais velhos, que aprendi a eloqüente expressão: "Oh, comme je suis malheureux dans cette maison".

No meu tempo, o quadro se alterou completamente, fosse porque a situação do pós-guerra assim o exigisse, fosse porque no sétimo filho o interesse simplesmente tivesse arrefecido. Seja qual for a razão, minha educação foi entregue mais ou menos ao acaso. Ora era a secretária de meu pai quem me dava aulas em caráter provisório, ora um dos jovens bálticos ou um dos meus irmãos mais velhos. É claro que isso não podia resultar em nada aproveitável.

Finalmente, foi alugada uma casa em Königsberg, e todos os que ainda estavam em idade escolar foram despachados para lá sob a custódia de meu tio Paul Below e de minha babá. Para mim, esse período logo teve um fim, não sei exatamente por quê; apenas me disseram que a escola não fazia questão da minha presença dali em diante. Eu ainda estava na idade pré-escolar, a classe lotada, e eu de manhã quase sempre atrasada — pode ser que todas essas coisas tenham desempenhado um papel.

Meus constantes atrasos deviam-se à chamada caixa térmica, que, como eu suspeitava, remontava a uma invenção de Edith Zedlitz. A caixa, ao que diziam, economizava combustível, pois possuía em seu interior uma espessa camada acolchoada. À noite, colocava-se dentro dela um mingau ligeiramente cozido, na maior parte das vezes de cevada ou semolina, que era retirado na manhã seguinte teoricamente muito bem cozido. Cozido não era bem o termo. O espesso mingau estava meio cru e me dava tanto nojo que eu não conseguia engoli-lo, o que era razão para intermináveis negociações à mesa do café-da-manhã e, portanto, para permanentes atrasos na escola.

Assim, após alguns meses, eu estava novamente de volta a Friedrichstein, junto com minha babá Aleh, de quem eu gostava muito. Eu tinha então 8 anos, estava às vésperas de meu nono aniversário. A breve passagem pelo grande mundo de Königsberg chegara ao fim. Eu estava tomada por uma mistura de sentimentos quando embarcamos no trem que nos levou de volta a Löwenhagen, onde o cocheiro Grenda já nos esperava com a caleche em frente à estação.

Quando Grenda ia apanhar os meus pais — como eu pudera observar em diversas ocasiões —, ele sempre usava sua elegante libré marrom com um chapéu-coco preto, cuja aba ele segurava entre o polegar e o indicador da mão direita para fazer um cumprimento — e assim imóvel, em posição de sentido, sem alterar sua expressão, permanecia até que todos tivessem embarcado. Então ele partia a toda brida, de forma que as rodas da carruagem com molejo davam saltos sobre o calçamento de pedras, produzindo um som inconfundível que até hoje posso ouvir nitidamente quando evoco a lembrança dessa cena.

Aleh e eu, porém, não merecíamos esse luxo. Grenda estava sentado na boléia com um velho casaco e sorria — mas por quê?, eu me perguntava aflita e torcia para que ele não estivesse pensando que eu fugira da escola. Grenda dava grande importância às hierarquias; ele poderia perfeitamente nos dar aulas em matéria de etiqueta, mas isso não era necessário: ele se fazia entender mesmo sem dizer nada.

Em grande velocidade, percorremos a velha alameda de tílias de Löwenhagen a Friedrichstein, e depois o caminho estreito até o castelo, com o lago à nossa esquerda. O fundador da casa, Otto Magnus Dönhoff — seis gerações antes de mim —, escolhera na época, o início do século XVIII, um lugar magnífico: diante do caminho de acesso ao castelo, portanto, na parte da frente, estendia-se um gramado e depois um grande lago cercado por colinas arborizadas. A parte de trás da casa, voltada para o parque, possuía três andares, ao contrário dos dois pavimentos da frente, pois ali o terreno declinava em direção à planície do rio Pregel.

O grande lago cercado por colinas arborizadas em frente ao castelo de Friedrichstein.

Ao abrir a pesada porta do castelo, entrava-se no grande saguão com suas três portas, nas quais estavam pendurados à guisa de sobreportas os quadros presenteados por Frederico, o Grande, representando seus cães. À direita e à esquerda, havia dois enormes armários de Danzig. A porta do meio dava para a chamada sala do jardim, uma sala clara com paredes ornamentadas por estuque. Quando vinha uma visita importante, todas as portas eram abertas: a pesada porta do saguão, a porta da sala e, por fim, a alta porta de duas folhas que dava para um balcão guarnecido por colunas, do qual se avistava um extenso gramado contornado por uma sebe. Do final desse gramado, partiam duas alamedas que corriam paralelas até alcançarem a verdejante imensidão dos campos do Pregel. A reação dos vi-

A vista do balcão estende-se sobre o grande gramado até os campos do Pregel, a quilômetros de distância.

sitantes perante essa vista era sempre uma mistura de encantamento e perplexidade: "Mais belo que Versalhes", disse um deles uma vez. De fato, o efeito de avistar do interior do palácio uma paisagem magnificamente cultivada era um prazer incomparável.

Para mim, começavam novamente as aulas em casa. Era um pouco solitário. Eu só me divertia quando meus irmãos vinham de Königsberg para o fim de semana. Então meu irmão mais novo e eu subíamos no sótão, que abrigava muitos mistérios e onde quase ninguém entrava além de nós. O sótão estendia-se ao longo de todo o comprimento do castelo; em diversos pontos, entre as vigas monstruosas, havia espaços fechados por tapumes nos quais descobríamos coisas fantásticas. Ali havia grandes pilhas de redes para a caça aos lobos, pois até a metade do século anterior ainda existiam lobos na região, e ocasionalmente até mesmo um lince perdido. Encontramos cenários magníficos e adereços antigos usados em apresentações teatrais de gerações anteriores e até uma tabuleta emoldurada por ramos de faia com uma saudação aos heróis que retornavam à casa — provavelmente eram as boas-vindas para meu pai e seu irmão gêmeo, que regressavam da guerra contra a França em 1871.

Com a ajuda de uma escada, podíamos subir entre as vigas quase até a cumeeira do telhado, forjar uma abertura entre as telhas e de lá de cima contemplar o vasto campo ao longe. Este era para mim um dos melhores lugares da casa. Nos salões lá de baixo, tudo tinha um ar muito solene; além disso, com as porcelanas e terracotas que havia por toda a parte, eu tinha que me movimentar sempre com muito cuidado. Somente no chamado pequeno saguão é que era diferente. Ele era contíguo ao grande saguão da entrada e dele partia uma escada larga e bastante íngreme, que levava aos aposentos reais no andar superior. Meus irmãos mais velhos haviam descoberto que era possível usar uma bandeja como trenó e descer esta escada quase num vôo rasante.

O dia era marcado por diversos momentos religiosos. Todas as manhãs havia a já mencionada oração, da qual participavam todas as crianças e todos os empregados da casa. No começo, cantávamos um coral que minha irmã mais velha acompanhava ao acordeão, depois minha mãe lia um salmo ou um capítulo de um dos evangelhos. Ao final, rezávamos todos juntos o padre-nosso. À mesa, antes e depois de cada refeição, fazíamos uma oração de graças; na maior parte das vezes era eu quem tinha que dizê-la por ser a mais nova. Eu recebera esse cargo de meu irmão imediatamente mais velho e aprendera de ouvido a oração "Komm, Herr Jesus, sei unser Gast"[1], sem nunca tê-la visto escrita. Assim, durante muito tempo eu me perguntei intrigada por que a oração começava com uma vírgula[2] pois era assim que soavam as duas primeiras palavras: "Komma Jesus, sei unser Gast". Naquela época, eu estava aberta para aceitar tudo — sim, eu me espantava, mas perguntar aos outros jamais, pois isso só serviria para que os grandes rissem de mim. Assim eu também me perguntava em vão quem seria a tal Marta da qual falava a canção que cantávamos tantas vezes: "Uns auf deine Marter zu verbinden, schlagen wir die Hände ein..."[3].

---

[1] "Vem, Senhor Jesus, sê nosso hóspede." [N. T.]

[2] Komma. [N. T.]

[3] "De mãos dadas vamos nos unir ao teu martírio..." [N. T.]

Aos domingos íamos todos à igreja em Löwenhagen. O proprietário de Friedrichstein era tradicionalmente o patrono dessa igreja e, em minha infância, também de duas outras igrejas, em Borchersdorf e Ottenhagen. Quando essas propriedades foram loteadas e vendidas para a comunidade, deixaram de existir os patronatos, aos quais estavam vinculados diversos encargos — mas também, é claro, o direito de eleger o pároco. Na igreja de Löwenhagen, o patrono e sua família possuíam um lugar especial em frente ao púlpito, num nível mais alto do que a comunidade, na primeira fileira, por assim dizer. Ali havia cinco ou seis cadeiras estofadas de vermelho. A primeira, perto do órgão, era destinada ao patrono, nas outras sentava-se o restante da família.

Do sermão eu não entendia quase nada e em geral me esquecia de prestar atenção, pois era mais interessante ficar observando tudo ao meu redor. Por exemplo, como o meu pai, quando rezava, segurava seu chapéu diante da testa cobrindo todo o rosto; ou como a senhorita Lunau, nos dias festivos, quando o coro ficava disposto na frente do órgão, abria uma boca enorme em grande arrebatamento. Da minha perspectiva — eu ainda era muito pequena para enxergar acima do peitoril — eu não conseguia ver o pároco, mas via muito bem o entalhe que havia no púlpito: se eu inclinasse um pouco a cabeça, aquela escultura se parecia com um palhaço com um gorro de ponta. Eu sempre conferia se ele ainda estava lá.

❧ *Meu pai* ❧

Conheci muito pouco o meu pai. Quando ele morreu, com 75 anos, eu ainda não tinha 10 anos de idade. Ainda me lembro perfeitamente desse dia. Era um dia ensolarado de setembro, em casa reinava uma atmosfera insólita, todos pareciam muito abatidos, sem saber para onde ir. Eu me vejo sozinha no grande salão, sentada numa cadeira, as pernas penduradas; o sol pintava silhuetas no assoalho, uma vespa zunia pelo ar, de resto, um silêncio absoluto.

Um de meus irmãos mais velhos dissera: "Nosso pai está morrendo, mas é melhor você ficar aqui". Todos estavam reunidos em volta dele, apenas eu, mais uma vez, era "muito pequena" e por isso, como tantas outras vezes, estava excluída. Não sei o que me entristecia mais, se essa circunstância ou se a morte de meu pai, cujo significado naturalmente eu estava muito longe de compreender.

Dentre todas as imagens que guardo de meu pai, a que mais me marcou é como eu o via em muitas noites de inverno. Seu escritório ficava na última de uma longa seqüência de salas que se estendia ao longo de todo o lado do castelo voltado para o parque, com cerca de 90 metros de comprimento. Como as portas que davam de uma sala para a outra estavam sempre abertas, eu podia vê-lo ao longe sentado à sua escrivaninha sob a luz de um lampião, como um ponto luminoso no fim de um longo e escuro túnel.

Durante o dia, quando o via perambular pela casa, eu

logo tratava de me esconder, com medo de ter que ler para ele. Sua vista era muito ruim, mas como ele estava sempre ávido por saber o que havia nos três ou quatro jornais de cujo conteúdo ainda não havia tomado conhecimento e sua secretária não podia ser sobrecarregada, ele se punha a rondar pela casa em busca dos filhos. Os grandes também não gostavam quando eram apanhados, pois eles sempre tinham coisas muito mais interessantes para fazer, para mim então, que ainda não sabia ler direito, era uma verdadeira tortura quando não conseguia escapar e era obrigada a soletrar textos inteiros completamente incompreensíveis.

Meu pai, August Karl Dönhoff, diplomata quando jovem,
depois membro da Preußisches Herrenhaus e,
de 1881 a 1903, também do Reichstag.

Com 21 anos, meu pai participou da guerra contra a Áustria como alferes do Regimento de Hussardos Reais, e, quatro anos depois, como oficial da reserva da Guerra Franco-Prussiana. Logo a seguir, no verão de 1871, ele entrou para o serviço diplomático e foi enviado para a embaixada de Paris como adido. Mas, ao que parece, a carreira diplomática não o cativou de forma muito especial, e 10 anos depois ele a abandonou.

Recentemente, pesquisando nos arquivos do Ministério das Relações Exteriores, em Bonn, eu pude pela primeira vez acompanhar sistematicamente sua trajetória. O material, disponível sem lacunas a partir do diploma do curso secundário, documenta a sucessão de transferências pelas quais passou quando jovem diplomata: em 1874, ele foi enviado para São Petersburgo como terceiro secretário da embaixada, com um salário anual de 4.200 marcos; depois seguiram-se Viena e Londres, e por fim, em 1878, foi nomeado secretário de legação em Washington, com um salário anual de 10.800 marcos.

Folheando as pastas, temos a surpreendente impressão de que ele se encontrava mais em férias do que em serviço — e, folgo em sabê-lo, sempre em "férias não remuneradas". Em 1873, viagem de férias no Cáucaso e no sul da Rússia; em 1875, férias para visitar Cuba, o México, o Japão e a China, prorrogadas por mais um ano. Em março de 1881, ele está novamente viajando, mas em breve deverá chegar ao Cairo, conforme comunica o Ministério das Relações Exteriores, que reenviou para lá uma carta de seu regimento.

Das férias mais curtas, ele voltava constantemente com atraso, como alguém relata em tom de censura ao secretário de Estado von Bülow: "Ultrapassou o período de férias sem autorização", consta no relatório e soa como uma reprimenda que um professor registrou em seu diário de classe. Em 1882, ele apresenta seu pedido de demissão e, em julho desse ano, é exonerado do serviço público. Sua justificativa: desde a morte de seu pai, é membro hereditário da Preußisches Herrenhaus, a câmara alta do parlamento prussiano, e quer se dedicar mais à política. Na esfera privada, ele se dedicava à sua paixão por objetos de arte. Ele mantinha contatos com antiquários e museus de todo o mundo, sobretudo com Wilhelm Bode, mais tarde diretor do Museu Kaiser-Friedrich em Berlim. Naquela época, isto é, durante as duas últimas décadas do século XIX, quem entendesse alguma coisa do negócio, mesmo sem muito dinheiro, poderia formar coleções maravilhosas.

Meu pai sempre viajou muito, o que na época, ao contrário de hoje, não era nada comum. Hoje custamos a acreditar que um homem como Konrad Adenauer, que, como prefeito de Colônia e membro do Conselho de Estado Prussiano, desempenhou durante décadas um papel de destaque na política alemã, só tenha viajado para Roma e Paris já como Chanceler Federal, isto é, com 70 anos de idade. Naquele tempo em que meu pai viajava pelo mundo, entre 1875 e 1895, para a família que ficava para trás, isso era uma fonte de constantes preocupações, pois às vezes se passavam meses sem que se recebesse um sinal de vida do viajante.

Um dia, eu já vivia em Hamburgo havia muitos anos, recebi um telefonema de uma senhora de Berlim que me contou ter visto num antiquário uma cafeteira de prata na qual havia alguma coisa gravada sobre um Dönhoff. Escrevi para o antiquário pedindo-lhe que me enviasse a cafeteira para avaliação e que me dissesse quanto eventualmente gostaria de receber por ela. Não demorou para que eu recebesse o objeto que fora descrito como uma cafeteira e que se revelou como um objeto litúrgico, uma galheta que minha avó — certamente cumprindo uma promessa — doara à igreja local, em agradecimento pelo bom retorno de seu filho mais velho de uma viagem ao estrangeiro. A sentença gravada era a seguinte:

"Em memória do abençoado retorno ao lar
Do patrono da igreja
Conde August Dönhoff
De sua viagem pelo mundo,
no dia 24 de maio de 1881
Doado à igreja de Borchersdorf
Por sua grata mãe
Condessa Pauline Dönhoff, nasc. Lehndorff"

É muito provável que a galheta de prata tenha sido roubada da Prússia em meio ao caos da guerra e depois de algumas voltas tenha ido parar em Berlim, para finalmente um século depois de seu surgimento voltar a mim como representante da família. Houve ainda um curioso epílogo: o antiquário cotara a peça em 700 marcos, eu respondi que estava disposta a pagar esse preço e pedi-lhe que me informasse sua conta bancária. Nada aconteceu. Ainda uma segunda solicitação para que me comunicasse para onde o dinheiro deveria ser transferido ficou sem resposta. Por fim, pedi àquela senhora que me falara da peça para ir mais uma vez até ele. Ela verificou que a loja não existia mais, o homem havia falido e ninguém sabia onde ele se encontrava. Bem, eu havia feito todas as tentativas possíveis e ao final achei que estava perfeitamente certo que esse objeto pilhado voltasse, mesmo sem recompensa, às mãos da neta da doadora.

Como lamento hoje não saber mais sobre o meu pai! Como teria sido interessante poder conversar com ele, que era ao mesmo tempo deputado do Reichstag e membro da Preußisches Herrenhaus; pois essas duas instituições tão diferentes coexistiram no limiar entre os velhos e os novos tempos. Aqui também o divisor de águas foi a Primeira Guerra Mundial, até cujo final a Preußisches Herrenhaus ainda existiu. O Reichstag e a Preußiches Herrenhaus são dois modelos de parlamento na verdade antagônicos, e quem pertenceu aos dois sem dúvida poderia fazer observações interessantíssimas.

O Reichstag, eleito pelo voto secreto e por sufrágio universal — enquanto no parlamento prussiano ainda vigorava o sistema representativo dos três estamentos — representou a era moderna e a sociedade industrial incipiente. Ainda que a política, sobretudo a política internacional, estivesse fora do âmbito de atuação parlamentar, as novas forças da sociedade industrial estavam claramente representadas aqui. Na eleição de 1912, os social-democratas ocupavam 110 cadeiras; antes da Primeira Guerra Mundial, portanto, eles já formavam a maior bancada do parlamento.

A Preußisches Herrenhaus, ao contrário, foi um símbolo da era agrária pré-industrial. Aqui a nobreza ainda desfrutava de todos os privilégios de classe. Não havia partidos e bancadas na Preußisches Herrenhaus. Uma grande parte de seus membros — entre os quais estavam todos os chefes das famílias governantes ou pertencentes à corte imperial, bem como os morgados e os herdeiros de grandes fideicomissos — possuía uma cadeira hereditária. A baixa nobreza, reunida em suas associações, podia enviar alguns representantes. Pode-se dizer que três quartos dos membros da Preußiches Herrenhaus pertenciam à aristocracia. O último quarto era recrutado entre ministros beneméritos, altos funcionários, generais, representantes eclesiásticos e industriais, como Stumm, Siemens e Krupp — esta última categoria era nomeada pelo rei. Além disso, as universidades prussianas enviavam ao todo 10 representantes e, finalmente, 49 cidades prussianas enviavam cada uma o seu representante — entre eles, estava, desde 1917, Konrad Adenauer como prefeito de Colônia.

Golo Mann escreve num ensaio intitulado "Das Ende Preußens"[1]: "Perguntei certa vez ao falecido chanceler, que entre a Herrenhaus e o Bundestag de Bonn participara de tantas sessões deliberativas, qual parlamento em sua opinião havia alcançado o nível mais elevado. A resposta de Adenauer foi surpreendente. Ele disse: 'A Preußiches Herrenhaus'".

Eu poderia ter aprendido muito com meu pai, que era um observador isento, interessado e curioso — os amigos, como um deles me contou, chamavam-no de "o homem que quer saber tudo". Numa longa mesa de seu escritório, todos os dias, ao lado dos jornais alemães, cujo leque abrangia desde o *Kreuz-Zeitung* até o *Frankfurter Allgemeine*, estavam *The Times*, *Le Temps* e o *Figaro*.

Eu me lembro de duas histórias que minha mãe contava com um certo toque de humor. No Palácio em Berlim

---

[1] "O fim da Prússia". [N. T.]

haveria uma festa e, como minha mãe era dama da imperatriz, era de bom-tom que ela chegasse ainda mais pontualmente do que os outros convidados — o que naquele dia se mostrou bastante difícil. Normalmente, no período das sessões de ambos os parlamentos, a família inteira se mudava da Prússia Oriental para Berlim com todos os apetrechos; o cocheiro-mor Grenda, os cavalos e as carruagens também iam. Não sei por que, naquela noite, Grenda não estava em seu posto, assim como o transporte substituto, que com certeza havia sido providenciado, também não estava. De qualquer forma, foi ficando cada vez mais tarde, até que finalmente meu pai foi até a rua, provavelmente na esperança de que passasse algum convidado e os levasse em sua carruagem. Mas o único veículo que passou foi a carroça de um verdureiro que estava voltando para casa.

"Meu bom homem", disse meu pai, depois de tê-lo feito parar, "o senhor poderia nos levar até o Palácio?", e provavelmente acrescentou: "O senhor não levará prejuízo". O homem mostrou-se disposto, e então meu pai e minha mãe, em fraque e vestido de gala, subiram na boléia, sentaram-se ao lado do cocheiro e assim chegaram às portas do Palácio, onde certamente não foi pequeno o espanto geral perante aquele estranho cortejo.

A outra história também tem algo a ver com a corte. Depois de festas como aquela, uma parte da sociedade costumava tomar o café-da-manhã do dia seguinte no Hotel Adlon, na Porta de Brandenburgo — lá estavam pois sentados à mesma mesa os duques de Arenberg e Ratibor com suas esposas, o príncipe e a princesa Lichnowsky e quem mais teve um papel nessa história.

Meu pai, que sempre tinha muito a fazer e já desfrutara da companhia daqueles senhores na noite anterior, havia marcado um encontro com um advogado judeu chamado Silberstein. Assim, ele estava sentado à mesa com minha mãe e Silberstein — também no Adlon. Minha mãe, que era cerca de 20 anos mais nova do que meu pai e, conseqüentemente, teria apreciado companhia mais divertida, contou que olhou um tanto ansiosa e também um pouco encabulada para os outros, que por sua vez devem ter ficado bastante surpresos com a mesa ao lado.

Quando pequena, eu conhecia apenas uma história sobre meu pai. Era muito emocionante, pois tratava de como ele se envolvera no último conflito armado dos americanos com os índios. Uma vez ouvi meus irmãos mais velhos falarem sobre isso, mas eles não deram atenção às minhas perguntas afoitas, e eu jamais teria ousado perguntar ao meu pai diretamente sobre esse episódio. A distância entre nós era grande demais.

Décadas depois, eu tive a oportunidade de saber mais sobre isso, em preto no branco, da perspectiva dos americanos; um historiador, Marshall Sprague, que escreveu a história do Colorado, seu estado natal, relata o episódio num livro intitulado *Massacre: the tragedy at White River*[2].

Em setembro de 1879, o ministro do Interior dos Estados Unidos, Carl Schurz, encontrava-se numa viagem de inspeção das *Indian Agencies* na região de Colorado Springs. Schurz nascera na Renânia e, quando estudante, participara do movimento democrático na Alemanha. Após o levante de 1849, ele deixou o país, refugiando-se inicialmente na

---

[2] *Massacre: a tragédia de White River.* [N. T.]

Suíça e depois na França e na Inglaterra, até que em 1852 emigrou para os Estados Unidos. Schurz foi um dos primeiros políticos a defender a integração dos índios na sociedade americana.

Meu pai, que na época fazia parte da legação alemã em Washington, era amigo de Schurz e havia se encontrado com ele em Denver. Juntos os dois estavam em visita a outro conterrâneo, o general Charles Adams, que originalmente se chamava Carl Schwanbeck e nascera em Anklam, na Pomerânia. Sua missão era supervisionar as rotas postais no Colorado e no Novo México. A esses três, havia se juntado ainda o filho do então presidente Hayes, além de um velho amigo de Schurz, o poeta Walt Whitman, que depois da publicação de seu escandaloso *Leaves of Grass*[3], em 1855, perdera seu emprego no Ministério do Interior.

Naquela região, localizava-se a reserva dos índios Ute, que eram hostilizados pelos brancos da região. Os fazendeiros cobiçavam as férteis terras dos Ute e além disso, pouco tempo antes, haviam sido descobertas ali as grandes minas de prata de Leadsville. Tudo isso criara um clima de grande tensão, que justamente naqueles dias culminara num massacre que os índios perpetraram contra os brancos da *Indian Agency*. O chefe da agência foi assassinado junto com outros brancos; sua mulher e sua filha foram seqüestradas pelos Ute.

Os ânimos estavam exaltados em todo o estado, e no local ergueu-se o clamor por intervenção militar e retaliação. Schurz, que voltou depressa para Washington, e o ge-

---

[3] *Folhas de relva* (Walt Whitman, 1819-1892). [N. T.]

neral Adams estavam firmemente decididos a fazer todo o possível para resgatar as mulheres através de negociações, sem que o exército precisasse intervir.

Meu pai ofereceu sua ajuda, montou num cavalo e juntou-se ao general Adams e sua tropa, pelo jeito sem se preocupar muito com o que diriam seus superiores em Washington quando soubessem em que tipo de situação aventuresca um membro da representação diplomática alemã estava se envolvendo. O objetivo inicial da expedição era a região às margens do Rio Grande onde estava acampado o chefe dos Ute, que, de resto, estava tão preocupado com as conseqüências do massacre quanto o ministro Schurz.

Seguiu-se então um percurso cheio de aventuras pelas trilhas indígenas, por desfiladeiros e rochedos a mais de 3.500 metros de altitude. Eles viajaram por vários dias até que finalmente encontraram o acampamento indígena, e depois de longas negociações as mulheres foram liberadas "incólumes".

"Incólumes" era o ponto crucial, pois o temor geral era que elas fossem violentadas, como já ocorrera antes. Se isso tivesse acontecido, a campanha por vingança contra a tribo dos Ute, apesar de todos os esforços de Schurz, não poderia ser contida.

❧ *Minha mãe* ❧

Como já mencionei, minha mãe era dama da imperatriz e, naturalmente, a corte foi para ela a fonte de muitas concepções, e acredito que certos hábitos tenham sido trazidos de lá. Por exemplo, a expressão "muito humildemente", uma fórmula que era usada para assinar as cartas dirigidas ao imperador. De manhã, o cumprimento das empregadas em Friedrichstein era: "Muito humildemente, bom dia, Excelência". Os aldeões — pelo menos aquelas pessoas com as quais existia um relação mais próxima e afetiva, como, por exemplo, a senhora Ott, que era casada com o leiteiro e que ensinou minhas irmãs mais velhas a tecer e minha mãe a fiar — usavam o diminutivo "Exzellenzchen", pois na Prússia Oriental acrescentava-se o sufixo "chen" a tudo de que se gostava; assim, as empregadas da casa eram tratadas por Bertchen, Annchen, Friedchen.

Minha mãe tinha vários irmãos: um dos homens vivia na América do Sul, que naquela época era praticamente um sinônimo do fim do mundo. Para se dirigir à sua mãe, uma condessa nascida Schlippenbach, ela empregava a desusada expressão *Frau Mutter*[1] e sempre usava o tratamento formal *Sie*. Ela viveu parte de sua juventude com seus avós, os condes húngaros Sermage, que haviam se estabelecido na Croácia. Uma vez por ano, seus pais viajavam

---

[1] Senhora mãe. [N. T.]

de Mecklenburg até lá de carruagem. A propriedade se chamava Heiligenkreuz e fica na atual Iugoslávia. Sabe Deus quantas semanas duravam essas viagens.

Minha mãe era uma mulher de grande sensibilidade artística, imaginativa e um pouco romântica, o que muitas vezes era motivo de gracejos por parte de seus irmãos. Ela tinha uma linda voz, escrevia belos contos de fadas para o uso da casa, pintava um pouco e sabia bordar maravilhosamente. Um pouco antes de 1900, ela bordou uma tapeçaria no estilo *art nouveau* para uma parede de uma saleta em Friedrichstein — um trabalho extremamente original. Numa outra saleta, havia uma tapeçaria que fora bordada 150 anos antes, no século XVIII, pela então dona da casa, uma Kameke. Sobre uma espécie de tela de linhagem, pequenas figuras chinesas aplicadas movimentavam-se sobre uma paisagem asiática pintada. Como essa sala era muito pouco utilizada, o conjunto todo estava muito bem conservado.

Um dos pontos altos na vida de minha mãe era quando o príncipe herdeiro e a princesa — ou, às vezes, esta sozinha — visitavam Friedrichstein, o que na década de 1920 e de 1930, isto é, entre as duas guerras mundiais, ocasionalmente ainda acontecia. Décadas depois me foi proporcionada uma lembrança tardia de uma visita da imperatriz numa data anterior à Primeira Guerra Mundial. Eu já era jornalista em Hamburgo e escrevera uma matéria sobre alguma data histórica. Depois de publicada a matéria, recebi uma carta de uma pessoa que eu não conhecia, mas que pude identificar como o filho de Hand, o antigo administrador das propriedades de Friedrichstein.

Ele escreveu que, paralelamente ao acontecimento do qual eu me ocupara no jornal, naquela data também havia

ocorrido um fato memorável: a visita da imperatriz a Friedrichstein. Já algumas semanas antes, conforme ele descreveu, os responsáveis pela recepção em Königsberg, os bur-
gomestres das aldeias pelas quais a comitiva deveria passar,
as associações de mulheres, de veteranos, as escolas e, é claro, minha mãe, estavam todos em polvorosa. No caso de
minha mãe, esse estado logo se converteu em desespero,
pois até 15 minutos antes da chegada da imperatriz, cujo
horário estava previsto com precisão de minutos, meu pai
ainda não havia sido encontrado; finalmente, ele apareceu,
com a maior calma, de botas sujas e calças velhas, num
contraste vivo com a excitação geral na porta do castelo,

Parando na porta do castelo: o cocheiro-mor Grenda.
Na carruagem, a imperatriz Augusta Vitória e minha mãe.

mas ao fim e ao cabo lá estava ele a postos no momento certo e com os trajes adequados.

A descrição me parece bastante típica dos dois: de meu pai, que sempre foi um homem calmo e para aquele tempo espantosamente indiferente em questões de vestuário — "Diga-me, quem é que veste os seus ternos quando eles estão novos?", perguntou-lhe uma vez um amigo —, e de minha mãe, para quem era muito importante que tudo sempre estivesse *comme il faut*.

Numa ocasião semelhante, quando adolescente, provoquei sua grande ira, porque me neguei a obedecer à ordem de voltar mais uma vez ao meu quarto para calçar sa-

Irreconhecíveis sob os gigantescos chapéus:
a imperatriz e minha mãe.

patos mais elegantes. Esse tipo de protesto era a única possibilidade de me rebelar contra o que eu considerava uma exagerada ostentação monarquista.

Quando eu tinha 15 anos, fui enviada para uma escola em Potsdam, onde conheci um rapaz chamado Han Plessen, mais ou menos da minha idade. Seu avô fora ajudante do general e comandante do Quartel General Imperial durante a Primeira Guerra Mundial, portanto, uma personalidade importante na corte. Quando já nos conhecíamos um pouco melhor, um dia Han me disse — e soou como uma confissão: "Eu não sou monarquista". Eu me senti totalmente revolucionária quando respondi com grande convicção: "Eu também não". O imperador saíra da cena havia apenas poucos anos e, em face de nossa procedência, tal declaração, se não era revolucionária, era pelo menos uma prova de que cada geração estabelece novos parâmetros.

Um grande dia, todos os anos, era o aniversário de minha mãe, em 12 de julho. De manhã, durante as orações, cantava-se — como, de resto, também em todos os nossos aniversários — "Lobet den Herrn"[2], depois lia-se o salmo 121, e então se seguia a canção "So nimm denn meine Hände..."[3]. No final da manhã, os administradores das propriedades vinham cumprimentá-la, e então havia torta e um copo de Mosel. À noite, acontecia um grande jantar, para o qual sempre apareciam, desde a época da qual tenho memórias, todos os anos, até a eclosão da Segunda Guerra, três amigos fiéis: Adolf von Batocki, o conde Manfred Brünneck e Sua Excelência von Berg.

---

[2] "Louvai ao Senhor". [N. T.]

[3] "Pegue minhas mãos..." [N. T.]

🕸 *Três fiéis amigos da casa* 🕸

Nossos três amigos eram personalidades fascinantes, não menos amáveis do que interessantes. Batocki, *Oberpräsident* da Prússia Oriental, portanto, o mais alto chefe do governo provincial, foi comissário do abastecimento do Reich durante a Primeira Guerra Mundial; antes disso, no final de 1914, após a retirada das tropas russas, ele coordenou a reconstrução das cidades destruídas na Prússia Oriental e supervisionou o processo de repatriação dos refugiados. Ele possuía uma inteligência aguda e um espírito fecundo, era um homem determinado e de grande energia. Respeitado por todos, ele não teve dificuldades em lidar com a turbulenta conjuntura política que se apresentou após 1918.

Em algumas ocasiões, o nome de Batocki foi ligado à acusação de que os latifundiários da Prússia Oriental, contrários aos planos governamentais de reforma fundiária, teriam convencido o presidente Hindenburg a destituir Brüning. Este com certeza não é o caso de Batocki, pois ele estava estreitamente ligado à política de Brüning e não tinha nenhum compromisso com interesses agrários estritos. Contudo, pode ser que ele tenha sido julgado com ceticismo em Berlim em virtude de suas reivindicações por maior autonomia administrativa e margem de decisão para a sua província. Ele defendia um certo grau de autonomia política para a Prússia Oriental; aos olhos dos cidadãos isso era perfeitamente justificável, pois a Prússia Oriental estava separada do Reich pelo corredor polonês desde 1918, e era de se esperar que eventualmente fosse necessário tomar decisões rápidas *in loco*.

O corredor era um resultado da chamada "paz vergonhosa de Versalhes" que compreensivelmente angustiava a toda a gente.

Quando viajávamos da Prússia Oriental para Berlim, dizíamos: "Vamos para o Reich". Em oposição ao Reich, vivíamos "na província". Nos primeiros anos após 1918, viajar pelo corredor polonês era uma empresa arriscada. As cortinas de todas as cabines tinham que ser fechadas, era proibido olhar para fora, e tudo podia acontecer. Era comum os passageiros serem obrigados a descer, porque alguma coisa parecia não estar em ordem com seu passaporte ou porque eram suspeitos de ter dinheiro polonês consigo.

Quando criança, fiquei profundamente impressionada com uma história que minha mãe contou quando voltou da primeira vez que fez uma dessas viagens. Uma passageira contara como, na fronteira com a Polônia, sua amiga havia sido retirada do trem para ser revistada. Ao executar esse procedimento, a inspetora descobriu uma mensagem impressa nas nádegas da suspeita e acreditou ter desmascarado uma espiã. Na verdade, a inocente havia visitado o local não muito limpo do trem e por precaução cobrira a borda com jornal — fora simplesmente a tinta da impressão que se soltara.

Ao lado de Adolf von Batocki, o segundo amigo fiel da casa era o conde Manfred Brünneck. Ele era um homem requintado, de vastíssima cultura, que possuía um estilo todo próprio de se vestir. Por exemplo, ele usava um largo plastrom lilás em vez de gravata, uma sobrecasaca amarela e umas polainas claras sobre os sapatos, que chamávamos de "roupinhas de cachorro", pois elas lembravam perfeitamente aqueles objetos engraçados em forma de sela que os donos de *pinschers* usavam para aquecer seus cachorrinhos nos dias frios. Brünneck costumava cheirar rapé, que carregava numa latinha dourada, e depois espirrava num grande lenço vermelho.

Ele era *Landeshauptmann* da Prússia Oriental, isto é, chefe da administração provincial, um título que me parecia muito misterioso e, mesmo posteriormente, nunca consegui saber a que funções efetivamente estava ligado. Muitos desses títulos eram apenas uma fonte de prestígio e não designavam uma competência de fato.

Bellschwitz, a propriedade de Brünneck, ficava nas proximidades de Neudeck, que pertencia a Hindenburg. Assim, não admira que ele também tenha sido acusado de conspirar para a queda de Brüning. Com toda a certeza, isso é tão incorreto quanto no caso de Batocki. Brünneck também era um adepto das idéias de Brüning e um opositor da liga patriótica fundada por Kapp — o mentor do golpe reacionário de 1920. Aliás, Brünneck já havia se retirado do Partido Nacional-Socialista antes de 1930.

Logo após a queda de Brüning, dizia-se, como muitos acreditam ainda hoje, que os "*junkers* a leste do Elba" teriam aproveitado suas estreitas relações com Hindenburg para impedir as medidas radicais de reforma agrária que Schlange-Schöningen, o comissário das províncias orientais, havia planejado. Dizia-se que esse grupo teria decidido derrubar o gabinete de Brüning e instituir um governo presidencialista que atendesse melhor aos seus interesses.

Numa extensa correspondência entre Brünneck e Brüning que se encontra nos Arquivos Secretos do Estado em Berlim-Dahlem, há interessantes detalhes a esse respeito. Em 12/10/1948, Brüning escreveu a Brünneck: "Não foi a nobreza que me derrubou". Ele pretendia refutar os depoimentos tendenciosos de emigrantes alemães que o jornal *Deutsche Rundschau* publicara sobre a responsabilidade da nobreza alemã por sua queda: "Naqueles difíceis dias de janeiro e fevereiro de 1932, foram os membros da nobreza da Prússia Oriental e da Silésia que intercederam a meu favor junto ao presidente do Reich". Segundo ele, os culpados por sua deposição eram Meissner e Schleicher.

Ernst Rudolf Huber escreve na *Deutsche Verfassungs-geschichte seit 1789*[1] que não foi um "complô entre bons vizinhos" que levou o presidente do Reich, que então se encontrava em Neudeck, sua propriedade na Prússia Oriental, a se opor aos projetos de seu gabinete, mas sim diversos protestos "de representações de classes do setor agrícola", que estavam preocupadas com os leilões judiciais previstos na lei para as propriedades rurais não indenizáveis. O leilão judicial realizado por um órgão do governo sem a solicitação do credor, no qual o órgão governamental define o preço como "ofertante", também parecia ao presidente do Reich uma desapropriação indefensável, sem qualquer fundamento jurídico. Huber comenta que "as objeções do presidente do Reich estavam fundamentadas tecnicamente. Em qualquer Estado de direito, o governo que procurasse se aproveitar da situação precária de um setor econômi-

---

[1] *História constitucional da Alemanha a partir de 1789.* [N. T.]

co para, através do processo do leilão judicial, transferir empresas para as mãos do Estado sem que este se encontrasse na posição de credor, estaria sujeito à acusação de estar perpetrando uma desapropriação dissimulada, com violação das garantias constitucionais de indenização".

O terceiro dos amigos da casa e o mais conservador deles era Fritz von Berg. Ele ia com bastante freqüência a Friedrichstein, mas todo dia 12 de julho estava lá infalivelmente. Tio Fritz, que nascera em 1866, era solteiro. Ele estudou direito, entrou para a administração pública, depois foi conselheiro provincial e, finalmente, *Oberpräsident* da Prússia Oriental, galgando assim o topo da administração provincial.

Ele era muito míope, usava uns óculos sem aro e com grossas lentes, possuía uma bela voz grave e falava de uma forma estranhamente entrecortada. Em ocasiões festivas, esse peculiar *son de voix* fazia-se notar ainda mais: três ou quatro palavras saíam de supetão, depois vinha uma pausa, mais três ou quatro palavras se precipitavam, depois mais uma pausa. Quando criança, eu achava isso fascinante e queria falar como ele. Quando ele estava presente na oração matinal, eu sempre procurava ficar ao seu lado e dizer as preces com a mesma entoação: "Pai nosso" — pausa — "que estais no céu" — pausa...

Tio Fritz era tratado por todos com grande respeito. Como meu pai não estava mais vivo, às vezes, quando havia problemas na família, minha mãe o chamava para dar conselhos. Uma vez anunciada, sua opinião era quase sempre aceita, a despeito de todo nosso costumeiro ceticismo. Ele era uma instituição moral.

Quando surgiu em nosso horizonte, ele já havia se retirado do palco de sua própria vida e vivia recolhido em

Markienen, sua propriedade. Porém, antes e durante a Primeira Guerra Mundial, Fritz von Berg, que possuía uma relação de amizade com o imperador e por vezes exercia grande influência sobre ele, desempenhara um papel importante na vida pública. De uma forma que nunca ficou totalmente esclarecida, ele esteve envolvido nas intrigas do alto comando do Exército — leia-se Hindenburg e Ludendorff — que levaram à queda do chanceler Bethmann Hollweg, em 1917. Um ano depois, ele foi nomeado chefe do Gabinete Civil. Enquanto tal, ele possuía muitas funções distintas e de grande influência, por exemplo, a redação dos discursos do imperador, a condução das negociações para a nomeação dos presidentes das províncias, ao lado de diversos expedientes ordinários; além disso, com o tempo, ele foi se convertendo cada vez mais num conselheiro do imperador, o que inevitavelmente lhe valeu a acusação de tê-lo aconselhado erroneamente. Outros o censuravam porque ele teria se imiscuído arbitrariamente na política externa, outros ainda levavam a mal seu prussianismo anacrônico e seu protestantismo engajado.

Fritz Berg era um monarquista convicto e, em 1921, depois da morte de August Eulenburg, foi nomeado seu sucessor como procurador-geral da Casa Real da Prússia e ministro-chefe do gabinete de sua majestade. Como tal, ele teve que conduzir as difíceis negociações sobre o litígio patrimonial entre o Estado Prussiano e a antiga dinastia. Mais ou menos na mesma época, ele foi eleito pela nobreza alemã presidente de sua corporação com o título de marechal da nobreza.

Nós não sabíamos quase nada desses muitos e diferentes papéis. Conhecíamos o tio Fritz somente como um homem extremamente bondoso, que estava sempre preocupado com assuntos públicos e que não apenas travara relações com os grandes do mundo, mas também se dedicava às pessoas mais próximas.

Um dia, eu o encontrei numa loja em Königsberg, que ele, míope e desajeitado entre gorros e pulôveres, revirava em busca de presentes de Natal para os filhos de seus empregados. Meu irmão mais velho certa vez o visitou em Markienen e foi testemunha de uma cena que na época descreveu tão vivamente, que até hoje ainda me lembro. O criado entra e anuncia: "Há um homem que quer falar com Vossa Excelência, mas não diz quem é, nem o que quer". "Mande-o entrar." Entra um rapaz, faz uma reverência cordial e diz seu nome. Tio Fritz olha atentamente para ele — e depois de uma breve pausa: "Você é o filho?". "Sim, Excelência." Era o filho de um recruta que havia servido na Companhia do tenente von Berg, no Primeiro Regimento de Infantaria da Guarda. Isso acontecera 40 anos antes ou mais.

❧ *Honra e privilégios* ❧

Minha mãe tinha plena consciência de sua posição e isso se manifestava de duas maneiras. O princípio balizador de suas ações e decisões era sempre o que "se faz" e, mais importante ainda, o que "não se faz". Nisso, ela era inflexível e inabalável. A resposta, a objeção, a observação "isso não se faz" era um veredicto absoluto, nessa hora acabava qualquer argumentação, depois disso não existia mais nada. O que se fazia e o que não se fazia eram as regras do jogo da sociedade — mais precisamente, de uma casta privilegiada — que foram se consolidando ao longo de gerações. Sim, pois evidentemente os privilégios implicavam uma contraprestação, um comportamento bem definido. Quem não correspondesse à altura, quem não seguisse as regras era automaticamente excluído ou "mandado para a América", onde estaria bem longe das vistas de todos os que participavam do jogo.

Convenção, o conceito que uma geração posterior combateu com tanta veemência — o convencional tornou-se o superlativo de tudo o que é vazio, superficial e fútil —, era algo determinante para minha mãe e seu tempo. Para mim, a forma, no sentido de estilo, parecia ser muito importante, mas a convenção não; e já bem cedo também eu desenvolvi uma resistência contra ela. Só depois de ver o quão inseguras as pessoas ficam sem convenções é que se aprende a valorizá-las.

No centro daquele código de conduta, estava a honra, como um legado dos tempos da cavalaria. Pela honra de servir ao rei, de fazer jus aos antepassados e de proteger a pátria, renunciava-se a muitas coisas. A honra era de certa maneira a dimensão complementar dos privilégios. De fato, não há nada gratuito, em nenhum sistema.

A honra exigia lealdade absoluta ao rei e ao sistema de valores vigente. Assim, servir ao soberano era ao mesmo tempo servir em interesse próprio, pois dessa forma se zelava pela continuidade das estruturas de dominação existentes — embora provavelmente a maior parte das pessoas não tivesse uma compreensão clara sobre isso. No caso da aristocracia rural, era também a identidade entre propriedade e relações de dominação que assegurava a aliança entre o trono e a nobreza, que era ainda fortalecida pelos papéis que esta classe desempenhava na administração pública, desde o conselheiro provincial até o alto ministro de Estado.

As regras do jogo eram — isso também é importante — um escudo contra todas as contestações, uma espécie de corrimão ao longo do qual era possível se apoiar e se sentir seguro.

Violações à honra eram inadmissíveis. O divórcio, por exemplo, estava absolutamente fora de questão para oficiais e altos funcionários e acarretava a perda do cargo. Contrair dívidas era quase tão ruim; se um tenente falisse em conseqüência de dívidas de jogo, ele pensava em se matar. Em muitos casos, era o que fazia. O fato de Schiller, em *Intriga e amor*, e Goethe, nos *Sofrimentos do jovem Werther*, já terem questionado esse sistema de valores em nada alterou sua realidade. Pois mesmo em seu estágio final, esse sistema ainda configurava um mundo estático, impermeável a influências externas e sem dúvida presumido da legitimidade de seus parâmetros. O que diziam os poetas era literatura e nada tinha a ver com a realidade.

A aristocracia rural, de um modo geral, nunca aspirou a fazer parte do mundo dos poetas ou intelectuais. Ao contrário, ela sempre deixou perfeitamente claro que esta não era a sua especialidade — em parte por altivez, em parte pelo desejo de não ser apanhada em pretensões equivocadas. Um dia, um membro desse círculo escreveu um artigo — por si só uma proeza um tanto suspeita — e depois ainda lhe deu o título de *Ex oriente lux*. Esse passo em falso lhe valeu o epíteto de "Orientlux", isto é, "Orientluchs"[1].

Talvez se possa dizer que naquela época a honra desempenhava o papel que hoje é ocupado pelo dinheiro. A honra era o maior de todos os bens e, como o dinheiro parecia não ser tão importante como é hoje, também não havia os casos de corrupção atualmente tão disseminados.

É claro que, a despeito do "corrimão de segurança", também havia escândalos naquela época. Mas eles tinham mais a ver com amores secretos e adultério do que com dinheiro. Nesses casos, o mais importante era tomar cuidado para que não houvesse conhecimento do deslize fora da própria classe. Eu me lembro da advertência ocasional: "Pas devant les domestiques — não na frente dos empregados", quando algum desses casos vinha à baila durante as refeições.

Eu disse que minha mãe era consciente de sua posição de duas maneiras. A segunda era o sentimento de respon-

---

[1] O lince do Oriente. [N. T.]

sabilidade por tudo o que acontecia em seus domínios. Se alguém ficasse doente na aldeia, era preciso cuidar para que fosse atendido. Se não fosse algo muito complicado, minha mãe ia pessoalmente até lá para fazer curativos ou levar remédios; se fosse um caso difícil, ela mandava chamar a enfermeira. Às vezes, minhas irmãs maiores também tinham que passar a noite na aldeia velando os anciãos.

Durante a guerra, minha mãe fundou um lar para cegos que funcionava junto à sede comunal, no qual cerca de 12 cegos eram assistidos exclusivamente por minhas duas irmãs mais velhas, na época com 17 e 18 anos de idade. Elas contavam apenas com a ajuda de uma moça para fazer a limpeza.

Um domingo, eu fui mandada para a aldeia com um bolo para o velho Altrock, o responsável pelos porcos, que estava doente na cama. Eu tinha 10, talvez 11 anos. Lá estava eu com meu prato diante da porta e bati várias vezes — ninguém respondeu. Finalmente entrei no quarto, e até hoje vejo com nitidez a cena que me chocou profundamente: o velho estava deitado na cama debaixo de uma pilha de edredons, a boca escancarada, o rosto de cera amarela como um velho pergaminho. Algumas moscas zumbiam ao redor de sua cabeça. Instintivamente eu soube: Altrock está morto. Larguei o prato em cima da mesa e corri para casa o mais depressa que pude. Nas noite seguintes, não consegui dormir, pois a toda hora eu pensava que o espírito de Altrock estava ao meu lado na cama.

Como disse, minha mãe era muito presa às convenções, e muito do que ela dizia eu ainda bem pequena já via como clichê. Certa vez, falando a respeito de uma mulher muito culta que manifestara sua opinião sobre o livro de

Oswald Spengler *Untergang des Abendlandes*[2], ela declarou apoditicamente: "As mulheres não têm condições de entender Spengler". Fiquei muito irritada com isso e decidi que leria Spengler assim que ficasse grande — eu tinha certeza de que poderia entendê-lo: por que afinal as mulheres seriam mais limitadas que os homens? Contudo, algumas vezes eu vira no castelo visitantes do sexo feminino que não conseguiam encontrar sozinhas o horário do trem no guia ferroviário, o que eu achava altamente constrangedor.

O apego ao convencional, no caso de minha mãe, era de certa forma compensado por sua profunda religiosidade. Ela aceitava todos os golpes do destino, mesmo quando estes a colocavam numa situação totalmente fora do convencional. Uma de minhas irmãs, alguns anos mais velha do que eu, era deficiente mental de nascença — mongolismo era o nome que se dava a esse tipo de doença mental incurável. Até mais ou menos os meus 11 anos, nós duas dormíamos no mesmo quarto.

Numa época que reflete menos sobre Deus e mais sobre Sigmund Freud, sem dúvida ninguém tentaria justificar esse tipo de arranjo. Para mim, o hábito fez disso uma coisa natural, que também me ensinou a aceitar sem revolta os golpes do destino.

Quando essa irmã já era adulta, ela foi enviada para uma instituição em Bethel. Ela ficou lá até que tivemos notícias de que os nazistas estavam matando os doentes mentais através de um processo que eles chamavam de "operação eutanásia". Meu irmão mais velho viajou imediata-

---

[2] *O declínio do Ocidente* (Oswald Spengler, 1880-1936). [N. T.]

mente para Bethel e, na última hora, conseguiu tirá-la de lá e trazê-la para casa. Quando havia segurança novamente, eu a levei outra vez para Bethel, onde ela ficou até sua morte, alguns anos após o fim da guerra.

Eu me lembro de como, às vésperas da Segunda Guerra Mundial, meu primo Gerti Kanitz zombava da religiosidade de minha mãe. Ele era um homem talentoso, inteligente, muito musical, mas sobretudo sarcástico; ele havia sido ministro do Abastecimento por algum tempo durante a República de Weimar. Naquele dia, tínhamos conversado sobre a guerra iminente e tudo o que estava por vir. No final, quando ele disse em tom irônico: "Sua mãe possui um remédio muito bom, agora todas as noites ela vai fazer uma oração", eu perguntei irritada: "Você conhece outro melhor?". Hoje, ao escrever sobre isso, não posso deixar de me lembrar da história do terremoto: um violento terremoto arrasara uma aldeia e os sobreviventes perambulavam atônitos pelas ruínas. Então chegou um caixeiro-viajante com seu tabuleiro e começou a anunciar sua mercadoria: "Comprimidos contra terremotos, comprimidos contra terremotos...". "Mas que disparate!", exclamaram indignados os que estavam em volta. "Vocês conhecem uma alternativa?", perguntou o homem, "então me digam qual é...".

Visitas de parentes queridos

Em minha infância, cujo início se passou durante a Primeira Guerra Mundial, não vinham muitos visitantes a Friedrichstein e, depois que meu pai morreu, em 1920, os hóspedes oficiais, sobre os quais escreveu Otto Hentig, não apareceram mais. Mas alguns parentes muito queridos nos visitavam sempre — sobretudo minha tia Sissi Keyserlingk, a melhor amiga de minha mãe. Ela era uma pessoa romântica, maravilhosamente afetiva, talentosa e muito musical; ela traduziu a extensa obra épica do poeta inglês Robert Browning e também escrevia seus próprios poemas.

No começo da década de 1920, apareceram os primeiros, ainda bastante rudimentares aparelhos de rádio para uso particular; lembro-me que minha irmã mais velha percorreu 20 quilômetros a cavalo pelo campo para ver com os próprios olhos uma daquelas maravilhas. Os Keyserlingks, em Neustadt, também haviam adquirido uma das tais caixas. Na primeira vez que me levaram para Neustadt, encontrei tia Sissi extasiada diante de seu aparelho de rádio. "Uma música divina — Wagner", ela sussurrou e fez um sinal para que me sentasse em silêncio e participasse daquele júbilo. Mas eu, muito menos dotada de imaginação do que ela, apenas consegui ouvir sons de lamento encobertos por fortes estrépitos — como uma chuva pesada caindo sobre um telhado de zinco.

Nessa visita, eu fui caçar com o filho dos nossos anfitriões, que era bem mais velho do que eu. Ele abateu um galo silvestre, fato que à noite foi bastante festejado — parecia ser um evento raro. Eu estava orgulhosa e me sentia muito importante, pois ele dissera a todos que havia sido eu quem lhe trouxera sorte. Pelo jeito, tia Sissi não quis deixar essa fama empalidecer, pois algum tempo depois eu recebi uma carta sua, junto com a qual ela enviava, como recordação pelo acontecimento, um pequeno marcador de livros plastificado. Ele estava um pouco amassado e manchado de tinta, e a figura no cabeçalho não era um galo silvestre, mas sim um papagaio todo colorido: "Vamos chamar o bichinho de galo silvestre", ela dizia sem subterfúgios.

Seu marido, tio Heinrich, era para mim uma fonte de admiração permanente. Para começar, ele usava um boné que nunca tirava, mesmo dentro de casa, e o que era mais assombroso: ele tinha uma cânula, como até então eu só vira nos cavalos de corrida de Preyl. No pescoço, no ponto em que normalmente se abotoa o colarinho, ficava enfiado um tubinho de prata através do qual ele obtinha uma quantidade extra de ar e que eu observava fascinada quando ele falava, esperando pelo momento em que suas palavras não sairiam mais da boca e sim da cânula; mas o que saía eram apenas sons sibilantes e, às vezes, um pouco de saliva.

Naquela época, falava-se muito de um homem chamado Coué. Coué era um farmacêutico francês que propagava a auto-sugestão para a cura de doenças. Tudo o que a pessoa precisava fazer era repetir persistentemente uma afirmação qualquer com convicção profunda e então — conforme prometia Coué — o desejo se tornaria realidade. Tia Sissi nos escreveu contando que tio Heinrich não estava passando bem e que ela se sentava em sua cama e repetia muitas e muitas vezes: "Heinrich já está bem melhor... Heinrich já está bem melhor...". A carta terminava com a notícia: "Mas, imaginem só, para o Heinrich não adiantou nada. Em compensação, eu estou me sentindo melhor a cada dia".

Um visitante que raramente aparecia, mas de quem eu gostava muito era o tio Siegfried Eulenburg. Mesmo bem pequena eu podia perceber que ele era uma pessoa especial. Por algum motivo, ele parecia gostar de mim também. Ele sempre me cumprimentava estendendo as duas mãos — um gesto que nunca ninguém me dirigira, nem eu vira em outras pessoas e que me encantava profundamente. Tio Siegfried foi o último comandante do Primeiro Regimento de Infantaria da Guarda — o orgulho de todos os prus-

Conde Siegfried zu Eulenburg-Wicken, último comandante do Primeiro Regimento de Infantaria da Guarda.

sianos desde os tempos de Frederico Guilherme I. De resto, esse foi o regimento que posteriormente foi transformado no IR 9, o regimento de infantaria que perdeu a maioria de seus oficiais na resistência contra Hitler. Siegfried Eulenburg foi condecorado na Primeira Guerra Mundial com o *Pour le mérite* com folhas de carvalho — uma distinção bastante rara na época.

Um amigo nosso, Kurt Plettenberg, que na Primeira Guerra servira no regimento de tio Siegfried, narrou um incidente que me impressionou muito. Ele estava com tio Siegfried, em algum lugar da Rússia, numa casa de camponeses, os dois sentados jogando xadrez. Era uma noite tranqüila sem fogo inimigo; de repente, Eulenburg levantou-se equilibrando cuidadosamente o tabuleiro com as peças do jogo e disse para o perplexo Plettenberg: "Venha, é melhor irmos para o outro lado da casa". Meia hora depois explodiu uma granada que desfez em ruínas a parte da casa onde eles estavam antes.

Em janeiro de 1945, quando os russos chegaram e todos nós nos pusemos em fuga, tio Siegfried subiu em sua carruagem, com um jovem criado ao seu lado na boléia e sua mulher — uma suíça muito austera — no interior, e rumou para o oeste. Ele percorreu cerca de 2 mil quilômetros até o lago de Constança, onde os pais de sua nora, o secretário de Estado Ernst von Weizsäcker e sua mulher, possuíam uma casa.

Quando sua mulher morreu e ele escolheu o túmulo com todo o cuidado, tio Siegfried mandou gravar seu próprio nome e sua data de nascimento ao lado do nome dela, de forma que depois somente fosse necessário acrescentar o dia e o ano de sua morte. Ele não queria que outras pessoas tivessem mais despesas do que o estritamente necessário. Sua data de nascimento: 10/10/1870 — ele tinha, portanto, 75 anos quando teve que deixar sua pátria.

Um outro tio, famoso em toda a Prússia Oriental por seu comportamento excêntrico, esteve apenas uma vez em Friedrichstein durante a minha infância: tio Carol Lehndorff. Naquele dia, ele chegou de Königsberg num táxi, com o qual depois prosseguiu viagem até Steinort, sua propriedade, a 55 quilômetros de distância. Foi uma grande sensação: as pessoas andavam de táxi na cidade, não se viajava com eles pelo campo; era absolutamente incrível que aquilo estivesse acontecendo.

Um dia, tio Carol, que sempre tinha idéias extravagantes, convidou as crianças — isto é, todos os Lehndorffs e eu — para uma temporada em Steinort. Única condição: sem adultos. Steinort era um propriedade magnífica à beira do lago Mauer, que estava na família havia 400 anos. A velha casa não era especialmente bonita e estava um pouco abandonada, pois fazia meio século que não era governada por uma mulher e, sob a égide do pândego solteirão Carol Lehndorff, ela também não ficara muito mais habitável. No meu quarto, que pelo jeito sofria de uma permanente infiltração de umidade, os pés apodrecidos da cama de madeira simplesmente haviam sido substituídos por tijolos empilhados; as cortinas estavam roídas pelas traças e a mobília não oferecia nenhuma estabilidade. Quando alguém abria uma janela para nos dizer alguma coisa, ela vinha abaixo junto com o batente.

Tio Carol, que se divertia regiamente com aquele bando de adolescentes — todos tínhamos entre 13 e 16 anos —, anunciou que poderíamos fazer e desfazer o que bem entendêssemos, apenas tínhamos que estar de volta para o jantar no horário combinado. Pelo jeito, ele estava preparando uma surpresa para nós. À noite, de fato, ele promoveu algo realmente fora do comum: uma competição para ver quem comia mais ovos de gaivota — com um prêmio para o vencedor. Não lembro mais quem ganhou, o que sei é que consumimos dezenas desses ovos verdes marmóreos e quando já não agüentávamos mais, para completar, havia creme de chocolate.

O resultado foi avassalador. No dia seguinte, eu estava num estado deplorável, juntei todas as minhas forças e me levantei, para encontrar quase todos os outros pálidos e emudecidos em suas camas — os mais novos tinham, ao lado da cabeceira, um grande balde de esmalte branco.

Não foi apenas em nossa visita que a mesa da sala de jantar de tio Carol esteve cheia. No verão, um grande número de visitantes hospedava-se em Steinort, pois tio Carol costumava convidar todas as pessoas com quem simpatizava em suas viagens. Então um belo dia elas chegavam com suas malas e com seus filhos, e muitas vezes se demoravam por semanas. Na maior parte dos casos, tio Carol não tinha mais a menor idéia de quem eram. Quando as coisas começavam a ficar muito agitadas, ele simplesmente se recolhia. Às vezes, os rapazes tinham permissão para visitar tio Carol em seus dois aposentos, pequenos e quase sempre escuros. Hans Lehndorff descreveu essas visitas: "A maior parte das vezes, ele estava deitado na cama, com o pincenê no nariz, lendo alguma coisa ou examinando moedas e catálogos numismáticos. Os armários, por entre os quais precisávamos serpentear para chegar até sua cama, continham cerca de 280 mil peças, provavelmente a maior coleção de moedas da Prússia naquela época. Ele a reunira ao longo de sua vida, adquirindo com isso grande conhecimento técnico. Ele se correspondia regularmente com numismatas e quase sempre havia um ou vários deles hospedados em sua casa".

Carol Lehndorff tivera uma juventude bastante impetuosa: gastara muito dinheiro, contraíra grandes dívidas, correra o mundo e aterrorizara os parentes com suas aventuras. Agora ele estava velho. Mas as histórias sobre ele continuavam a aparecer e corriam de boca em boca. No outono de 1933, durante a festa da colheita, quando os camponeses vieram ao castelo para trazer a coroa de cereais, ele subiu ao balcão para fazer um pequeno discurso. Ao final, ele disse que gostaria de concluí-lo de acordo com os novos tempos, fez menção de dizer alguma coisa... parou pensativo por um momento e olhou desconcertado ao seu redor: "Com os diabos, como é mesmo que se chama o sujeito?". Finalmente, lembrando-se de que a saudação era alguma coisa com "Heil", encerrou: "Bem, então, Waidmannsheil!"[1].

A melhor história sobre ele quem conta é meu primo Hans Lehndorff em seu livro *Menschen, Pferde, weites Land*[2]. Quando prestou o serviço militar, Carol foi enviado para uma pequena guarnição na Pomerânia, cujo comandante possuía a fama de ser extremamente severo, pois a mãe de Carol alimentava esperanças de que ele trouxesse seu perdulário e imprevisível filho de volta à razão.

Carol costumava ir todos os domingos livres às corridas de cavalos de Karlshorst, em Berlim, onde encontrava

---

[1] Boa caça! [N. T.]

[2] *Homens, cavalos, vasto campo*. [N. T.]

seus amigos e eventualmente montava. O comandante também gostava de assistir às corridas em Karlshorst. Para não perder o último trem, ele sempre ia embora antes da corrida principal e se admirava muito de que Carol sempre permanecesse tranqüilo no hipódromo e na manhã seguinte estivesse a postos pontualmente às 6 horas. A explicação era simples: Carol tomava um trem de carga, que percorria o trecho desejado à noite. Mas como nesse trem só podiam viajar as pessoas que transportavam gado, ele mandava seu criado comprar uma ovelha e viajava como seu acompanhante.

Quando o comandante, intrigado também com o estranho rebanho que aparecera nos estábulos de sua guarnição, estabeleceu o nexo causal entre os dois fatos com os quais se espantara, decidiu antecipar o serviço matinal. O trem de carga chegava às 5h30 e o serviço começava às 6 horas; o comandante decidiu que a partir de então o serviço começaria às 5h30.

Mas, para seu espanto ainda maior, a cena costumeira se repetiu mais uma vez em Karlshorst: o comandante foi embora, o tenente ficou e não deu sinal de que deixaria o local tão cedo. Por algum motivo, o comandante se demorou a caminho da estação e acabou perdendo o último trem. Sem saber o que fazer, ele foi falar com o diretor da estação: "O senhor está com azar", ele disse, "há um tenente que normalmente viaja com uma ovelha no trem de carga, e o senhor poderia se juntar a ele, mas este trem só chega às 5:30 em sua estação". Depois de refletir um pouco, ocorreu-lhe uma solução: "O tenente viaja hoje em um trem extra por volta de meia-noite e, se o senhor falar com ele, tenho certeza de que o levará de bom grado".

Muitas proibições — muitas transgressões

As crianças, pelo menos nós três, os filhos mais novos, quase não víamos nossos pais; eles viviam lá embaixo, nós vivíamos em cima com a babá, comíamos sozinhos, brincávamos sozinhos. À noite, minha mãe subia para as orações, e quando havia convidados tínhamos que descer para dizer boa noite. Quando penso nisso, tenho que confessar que não aprendi nada muito importante com meus pais nem com as governantas que se alternavam com freqüência, mas na verdade apenas com a atmosfera da casa e com as pessoas entre as quais nossa vida acontecia; pois obviamente escapávamos da vigilância de nossos educadores oficiais na primeira oportunidade e corríamos para a carpintaria, para o estábulo ou para o viveiro de plantas, onde era muito mais interessante do que no castelo. O viveiro de plantas era um local especialmente atraente na época das uvas; a estufa estava sempre fechada, mas éramos experimentados invasores. Ainda hoje tenho uma cicatriz na perna de uma vez que os grandes me obrigaram a passar por uma janelinha que haviam arrombado, mas sem remover devidamente os cacos de vidro.

Ninguém nos dizia que devíamos nos responsabilizar por nossos atos, isso acontecia naturalmente na vida em comunidade. Nossos companheiros de brincadeiras eram as crianças da aldeia, e estava claro que éramos nós que levávamos as broncas pelas vidraças quebradas ou pelas ferramentas extraviadas — e disso já se encarregavam os trabalhadores, que não eram nada indulgentes conosco. Delatar, tentar salvar a própria pele e alegar que não havíamos sido nós, mas sim aquele e aquele outro seria totalmente contra nossos princípios de lealdade e nobreza de caráter, aprendidos com Karl May. Tínhamos sido nós e ponto final. E não é preciso dizer que na maioria das vezes era um de nós o líder de tais empreendimentos.

Também fazia parte de nosso código de honra não deixar os outros perceberem quando sentíamos dor. Quem se queixasse de ter se machucado subindo numa árvore, construindo uma cabana ou numa luta recaía no desprezo de todos os demais. Eu me lembro de uma cena na qual os quatro grandes se batiam com varas de salgueiro nas pernas nuas para ver quem gritaria primeiro. Na falta de resultado, depois de algum tempo o experimento foi interrompido. Se ninguém fraquejasse também não tinha graça.

A maior parte dos acidentes acontecia quando andávamos a cavalo. Todos tinham em algum momento do ano um membro quebrado para mostrar — uma vez dois dos grandes ficaram ao mesmo tempo no hospital em Königsberg: minha irmã Yvonne quebrou uma vértebra, meu irmão Dieter, o fêmur.

Certo dia, eu e meu irmão mais velho saímos para cavalgar, estávamos com dois cavalos jovens, um tanto imprevisíveis. Ao passar por uma vala, minha égua deu um salto tão violento que fui arremessada por cima de sua cabeça. Eu caí deitada no chão, mas não soltei as rédeas, felizmente, pois estávamos muito longe de casa. Meu braço doía muito. "Não foi nada", disse meu irmão, "suba no cavalo outra vez, senão vamos chegar muito tarde"; ele disse que o braço não podia estar quebrado, pois do contrário eu sentiria muito mais dor. Eu me apoiei no arção para subir, senti uma dor terrível e ouvi um estalido. Mas como o diagnóstico de meu irmão parecia correto aos olhos de todos, nenhuma outra providência foi tomada a não ser chamar a enfermeira para massagear meu braço. No dia seguinte, a dor era tão forte e insuportável que fui levada para tirar radiografias em Königsberg; e qual não foi a surpresa: o braço estava quebrado, e nos dois ossos, o grosso e o fino. Este último, provavelmente ao subir outra vez no cavalo, conforme disse o médico, para quem eu descrevera o acontecido.

Em casa vigoravam normas de um modo geral muito severas. Muitas coisas — mais do que seria de se esperar — eram proibidas. E nessa medida tivemos uma adolescência feliz, pois isso nos fornecia a justificativa para exercer re-

Meus irmãos mais velhos brincando de guerra com as crianças da aldeia durante a Primeira Guerra Mundial — meu irmão mais novo é o último do destacamento.

sistência da única maneira que estava ao nosso alcance, isto é: desobedecendo às ordens. Sim, nada mais prazeroso do que transgredir.

Quando os grandes por algum motivo recebiam um castigo, quase sempre era a proibição de andar a cavalo por alguns dias. Eles decidiam, portanto, que não cavalgariam durante o dia e sim em plena madrugada. Um plano foi forjado com a cumplicidade do vigia noturno: às 4 horas da manhã, ele tinha que puxar um longo barbante que ficava pendurado na janela; a outra extremidade ficava presa ao travesseiro daquele que deveria ser despertado. Às 4 horas, portanto, este acordava sobressaltado e chamava os outros para irem juntos selar os cavalos. Às 6 horas, estavam todos de volta em suas camas e eram acordados novamente às 7 de acordo com o regulamento.

Também era proibido que nós, os pequenos, andássemos armados com espingardas sem a companhia de um

O cocheiro-mor Grenda com meus quatro irmãos maiores.

adulto. Tínhamos permissão para atirar nos pardais com uma espingarda de ar comprimido, mas em hipótese alguma podíamos pegar uma carabina ou uma espingarda de escumilha. Um dia, eu estava em Waldburg na casa dos Dohnas. Era março e ainda fazia muito frio. Nós havíamos observado, em primeiro lugar, que os gansos selvagens estavam emigrando, o que nos eletrizava, pois era a caça mais excitante de todas e, em segundo lugar, que todos os adultos haviam saído.

Então nos lançamos sobre o grande armário de armas e nos equipamos com espingardas e cartuchos: escumilha nº 0 — o chumbo mais grosso que existe. Com ela, poderíamos derrubar sem dificuldades um corço ou um javali; a escumilha nº 7, por exemplo, que é usada na caça de perdizes, simplesmente teria ricocheteado na couraça emplumada dos gansos selvagens.

Os filhos dos Dohnas e dos Lehndorffs — tínhamos todos entre 14 e 15 anos — escolheram para si as melhores armas, para mim sobrou apenas uma velha espingarda de um tipo que eu nunca havia manuseado. Finalmente partimos e nos dividimos pelos campos alagados na esperança de que os gansos voassem até lá para passar a noite. Eu estava com o primo mais novo dos Dohnas, Konstantin, de 12 anos, que estava desarmado. Metidos na água gelada até os joelhos, espreitávamos em vão — nada se mexia. Pouco a pouco foi escurecendo e decidimos voltar para casa.

No caminho, tínhamos que atravessar uma vala muito larga sobre a qual haviam sido colocados provisoriamente dois troncos finos e roliços; já íamos nos equilibrar até o outro lado, quando ouvi o som de gansos se aproximando. Com os dedos enregelados, armei o gatilho, esquadrinhei o céu escuro, mas não consegui vê-los. Ainda ficamos um tempo ali parados. Depois Konstantin atravessou primeiro a vala, para pegar a espingarda que eu lhe estenderia, evitando assim que ela caísse comigo na água acidentalmente. Foi o que fiz, a coronha virada para ele, o cano apontado para mim.

Mal ele encostou na espingarda, houve uma explosão violenta, eu ainda vi o clarão do disparo antes de cair de costas. Eu me esquecera de travar o cão, e ele tocara no gatilho. O guarda-florestal que correu para o local disse estarrecido: "Agora você a matou". Meu Deus, eu pensei, agora eu estou morta — também, com o n⁰ 0 não podia ser diferente. Mas o tiro passou a milímetros de mim, apenas meu casaco ficou um pouco chamuscado no lado direito. Profundamente abalados, nos arrastamos de volta para casa.

Eu não via meus irmãos mais velhos muito mais do que aos meus pais. Eles estavam quase sempre ocupados com outras coisas. Quando me viam, eles me usavam como garota de recados, o que no entanto não me desagradava, pois me conferia uma certa importância. Acredito ter aprendido alguma coisa com eles e com a injustificada severidade que me dispensavam. A despeito da rispidez que faziam questão de aparentar, eles sempre davam toda a atenção quando me acontecia alguma coisa ou com algum outro. Eles eram empreendedores, criativos e espirituosos — nunca os ouvi contar piadas impróprias, muito menos obscenas.

E uma coisa que só me ocorreu muito tempo depois: eles nunca falavam, como muitas outras pessoas, sobre si mesmos. Ao contrário, eram extremamente discretos, quando se tratava de si mesmos, e sigilosos, quando se tratava dos outros.

Os verdadeiros mestres...

Quando penso em minha casa paterna, a impressão que predomina é a de uma comunidade complexa, na qual nós, as crianças, sem dúvida desempenhávamos um papel, pois éramos uma espécie de pivô de articulação entre o nível de baixo e o de cima. Quando fui crismada, o que para a maioria das pessoas significava "entrar para a vida", Grenda, o cocheiro, disse para minha mãe: "Bem, Excelência, agora já passamos tudo a ela, e acho que podemos ficar plenamente satisfeitos".

Preciso aqui falar de forma especial sobre Grenda e outras personalidades extraordinárias do nosso círculo de convivência que tiveram uma grande influência sobre minha educação. Grenda era tratado como "o chefe" pelos cavalariços, e também por nós, as crianças. E ele era sem qualquer dúvida uma autoridade — pelo menos exercia seu domínio de uma maneira extremamente autoritária, cuja legitimidade ele jamais questionava. Pode ser que quando jovem soldado ele tenha sido sargento de sua unidade, de qualquer forma, o exército era para ele a única instituição pedagógica confiável. "Agora ele precisa ir para o quartel, para que façam dele um homem", ele costumava dizer sobre seus ajudantes. E então fazia com eles o trabalho de preparação que julgava necessário.

Conosco ele não era muito diferente. Se por algum motivo as coisas não estavam do seu agrado ou quando sim-

plesmente queria mostrar seu poder, ele dizia: "Hoje ninguém vai montar — ontem vocês correram muito e o preto suou tanto que agora está com tosse". "Mas o alazão...",
objetava alguém. "O alazão está estropiado, ele também não
pode sair hoje." Felizmente, "o chefe" também tinha seu
ponto fraco: ele gostava de bons charutos. Quando quería-
mos garantir que o caminho estaria livre, roubávamos charutos de casa e levávamos para ele — isso quase sempre
surtia um efeito apaziguador.

Havia uma outra coisa com a qual podíamos contar:
Grenda estava sempre do nosso lado. Quando o preceptor
ou uma das governantas nos procuravam para fazer traba-
lhos escolares já muito atrasados e Grenda os via se aproximar, ele nos escondia na casa dos arreios e jurava de pés
juntos que não tinha visto ninguém.

A propósito, a casa dos arreios era uma jóia. Lá dentro havia um cheiro agradável de couro recém-lustrado e
as fivelas reluziam com o brilho de prata polida. Aos domingos, a cocheira das carruagens e dos cavalos de montaria — os cavalos de trabalho ficavam no estábulo junto
ao celeiro — era um deleite para os olhos. Havia duas baias
para os pôneis, duas para as éguas com potros e oito para
os outros cavalos, onde eles ficavam expostos um ao lado
do outro. Aos domingos, cada uma dessas baias era, por
assim dizer, isolada com fitas brancas entrelaçadas; na frente, era estendida uma esteira de palha tecida com um fio
vermelho.

Nossa grande paixão era escovar os cavalos. Isso reque-
ria uma habilidade considerável: em primeiro lugar, com
o braço estendido, em gestos amplos e vigorosos, tínhamos
que pentear o pêlo e depois, com a mesma energia, passar

a escova com a raspadeira. Não era nada fácil fazer cair de 12 a 20 centímetros de pó no lugar onde as esteiras ficavam no domingo — mas era o que "o chefe" exigia de nós, se quiséssemos ser levados a sério.

De modo semelhante, eu aprendi muitas coisas: com o chofer, a limpar o carburador; na carpintaria, a aplainar e a entalhar. Talvez por trás disso estivesse o desejo de provar que, mesmo morando num castelo, eu podia ser tão competente quanto os outros.

No leste, de resto, todos conheciam um pouco de cada ofício: não havia entre os camponeses quem não entendesse um pouco de construção, carpintaria ou funilaria. Um artesão especialmente querido era o mestre Klein, o carpinteiro. Ele ensinou a meus irmãos todas as etapas do traba-

Por ocasião da visita da imperatriz, todos os criados, cocheiros e domésticas esperando na frente do castelo. No primeiro plano, meus quatro irmãos mais velhos; ao fundo, no centro, nosso querido mestre Klein.

lho com a madeira, e no final eles já eram capazes até mesmo de fazer janelas sozinhos. Eu não tinha permissão para pegar a furadeira, pois era muito pequena; mas aplainar pranchas simples eu também podia. Quando o mestre Klein ficou velho e não conseguia mais trabalhar com madeira pesada, foi-lhe confiada uma tarefa especial: todas as manhãs, ele tinha que dar corda nos relógios de caixa que havia em diversas dependências do castelo.

Numa casa tão grande, havia inúmeros afazeres que eram confiados a quem fosse merecedor e, além disso, tivesse conquistado a confiança dos outros ao seu redor. Assim, Weber era encarregado de levar numa grande cesta, que carregava nas costas, a lenha para as lareiras da casa. Ainda não havia, quando eu era criança, um sistema de aquecimento central, mas sim estufas e lareiras em cada aposento. Jamais me esquecerei do som, o primeiro que ouvia ao acordar de manhã, dos pesados passos de Weber subindo a escada.

Sua mulher era responsável pela lavanderia, que ficava à beira de um pequeno açude e na qual, a cada duas semanas, eram lavados diversos metros cúbicos de roupas, que depois eram pendurados num imenso galpão para secar. Para a consecução desse trabalho, eram trazidas de seis a oito mulheres da aldeia, que em meio a um grande vozerio lavavam lençóis e toalhas em cubas descomunais. A etapa seguinte era realizada no castelo; lá havia um gigantesco aparelho cujos pesados rolos, carregados de seixos e movimentados por uma grande roda volante, que às vezes eu tinha permissão para girar, passavam para lá e para cá em cima dos lençóis e os alisavam. Também aprendi a passar a ferro sob a égide das domésticas, cuja cantoria soava pelos porões da casa e sempre me atraía. Eram as canções sentimentais como "Ao Pé do Sabugueiro" as que mais me encantavam.

As domésticas também ficavam do nosso lado na maior parte das vezes. Quando a sentença "para a cama sem jantar" era pronunciada, normalmente encontrávamos na mesa de cabeceira um prato com algumas fatias de pão com manteiga ou geléia. Era a solidariedade dos desfavorecidos para com os oprimidos que se manifestava ali ou era apenas a união natural dos jovens contra os mais velhos?

Deve ter sido no começo dos anos 1920 que as duas primeiras lâmpadas elétricas despenderam sua luz no castelo. Uma iluminava a escada, a outra trazia claridade abundante a uma sala onde nos reuníamos todas as noites para ler. Essa grande inovação pôde ser introduzida graças à instalação de uma turbina no velho moinho, que ficava a apenas algumas centenas de metros de distância.

Quando me lembro das pessoas mais importantes de minha adolescência, ainda três personagens aparecem com um papel destacado — uma delas era temida, as duas outras extremamente respeitadas. A senhorita Quednau, a camareira de minha mãe, era temida porque delatava. Provavelmente ela fazia isso para conquistar a confiança de minha mãe. Quedchen, era assim que minha mãe a chamava; para nós ela era a *Quecke*, um certo tipo de erva daninha. Uma vez, ela teve um cisto na boca que teve que ser extraído, o que levou Grenda, que não a suportava, a fazer o seguinte comentário: "As pessoas são castigadas onde pecaram. No caso dela, dá para ver perfeitamente". Quedchen sabia costurar muito bem. Ela fazia vestidos para as minhas irmãs mais velhas, dentro dos quais eu tinha que me enfiar quando elas já não cabiam mais neles.

Uma pessoa extremamente respeitada era o criado Fritz. Era um homem sério, absolutamente correto, que sabia fazer de tudo, não apenas o que concernia às suas funções; ele fazia os mais diversos consertos e também entendia do cultivo de melões. No final, ele foi recrutado pelo *Volkssturm*, a milícia popular dos nazistas, e para nosso infinito pesar nunca mais voltou.

Em todas as casas no campo, as relações com os criados eram sempre próximas e afetivas. Quando Albert, o criado dos Lehndorffs em Preyl, que amávamos de todo o coração, porque era sempre muito divertido, morreu, eu viajei para o enterro, como era absolutamente natural que acontecesse.

No dia em que Fritz reiterou de própria voz a ordem muitas vezes esquecida de não entrar em casa com as botas sujas, ela foi imediatamente acatada, pois compreendemos que do contrário ele teria mais trabalho; desde então tirávamos os sapatos na entrada do saguão — como as crianças das vilas, que deixavam seus tamancos de madeira na porta quando vinham para casa fazer algum pedido aos pais. A educação realizada pelos empregados da casa e pelos artesãos que trabalhavam na propriedade foi de fato muito mais eficaz do que aquela transmitida pelos teóricos contratados para esse fim.

Fritz sabia tudo e se interessava por tudo. Um dia ele me disse que um determinado tapete que precisava ser consertado não era um *kilim*, como eu afirmara, mas sim um *buchara*. "Quem foi que disse?". "Está no Hasenbalg", ele respondeu, "e o conde disse que é o melhor livro sobre tapetes, é lá que diz". E me apontou um grosso volume numa estante de livros do qual eu nunca havia me dado conta.

Fritz tinha todos os motivos para se interessar por tapetes. Além dos belíssimos gobelinos que foram tecidos em Flandres no século XVII sob medida para duas salas em Friedrichstein, havia por todo o castelo tapetes que meu pai colecionara durante sua vida inteira. No inverno, eles eram estendidos no gramado em frente ao castelo e batidos sobre a neve, pois este era, conforme meu pai dissera, o tratamento que mais poupava o tapete. Escovas duras, que apenas danificariam os tapetes, eram rigorosamente proibidas.

Era uma visão fantástica quando o gigantesco gramado ficava metade coberto por tapetes dos mais diversos tamanhos, uns encostados nos outros, e uma legião formada pelas domésticas e moradores da aldeia brandiam os batedores num determinado ritmo que eles haviam inventado para tornar o trabalho divertido. Depois, até a próxima nevada, ali permanecia aquela peculiar estampa de padrões quadrados e retangulares, com matizes ora mais claros, ora mais escuros, de acordo com a quantidade de pó batida de cada tapete.

Uma personalidade totalmente inesquecível era Krebs, o jardineiro-mor, um gigante com uma grande barriga e com um bigode loiro de pontas encaracoladas, que dispunha de um imponente exército de ajudantes. Ele andava com um bastão e nunca estava sem seu chapéu de palha. Ele transmitia uma paz imperturbável, inspiradora da mais plena confiança, e este era certamente o motivo para que sempre aparecesse no castelo quando havia uma tempestade. Quando soava o primeiro trovão, tínhamos que nos levantar da cama e nos reunir, pois minha mãe tinha muito medo de raios. Então ficávamos todos ali sentados, com nossas camisolas vermelhas de flanela, esperando pelo grande momento em que "Krebschen" apareceria e nos contaria histórias de antigamente.

Krebs exercia um fascínio especial sobre nós também por um outro motivo: ele possuía uma enorme coruja, com a qual ia caçar gralhas, e às vezes levava um de nós consigo. Ao amanhecer, a coruja era colocada numa vara de 2 metros de altura em cuja extremidade superior havia um poleiro. "Jule" era o nome desta estrutura. A coruja ficava presa no poleiro por uma correntinha; e nós ficávamos esperando escondidos numa moita — muitas vezes em vão. Mas às vezes elas se aproximavam, as gralhas, às vezes outros pássaros, voando na direção do pássaro de olhos redondos pousado na vara. Quando ainda estavam longe o suficiente para que o precioso pássaro não corresse perigo, o senhor Krebs atirava e, quando acertava, a próxima refeição da coruja estava garantida.

A vista do balcão nos velhos tempos.

Krebschen era responsável pela estufa de laranjeiras, na qual durante o inverno eram abrigadas as árvores cítricas, que cresciam em grandes tinas e no verão ficavam expostas na frente do castelo, e também pelo jardim, pela estufa das vinhas e, finalmente, por uma grande horta com muitos canteiros, pois naturalmente a subsistência no campo era totalmente autárquica. Nenhum alimento era comprado; ovos, legumes, frutas, tudo era produzido. Tudo tinha seu tempo para ser consumido, ou seja, quando chegasse a estação de cada hortaliça ou fruta.

Assim, durante semanas só comíamos espinafre, depois começavam as ervilhas, que ao final já estavam do tamanho de balas de canhão; depois vinham as cenouras. Além disso, tudo virava conserva ou era preparado de alguma maneira para o inverno: as cenouras eram enterradas na areia, os pepinos eram guardados em potes de pedra com tampas de madeira sobre as quais se colocava uma pedra para fazer peso. Carne também nunca se comprava. No outono e no inverno, havia carne de caça e, naturalmente, durante o ano inteiro, carne de carneiro ou vitela e tudo o mais que o galinheiro tivesse a oferecer. Quando algum produto se mostrava especialmente bom ou particularmente grande, todos ficavam orgulhosos — proprietários e empregados. Certa vez, um cacho de uvas foi retratado por um pintor, que aliás não era nada mau, antes de ser enviado para a imperatriz. Motivo: ele havia atingido o exorbitante peso de cinco quilos e meio, como se podia ler no quadro. Um dia um pescador trouxe um lúcio que pesava 20 quilos e que, para ser conservado em seu imponente tamanho, foi servido numa tábua de passar.

✿ Auto-suficiência ✿

Um ponto alto de nossa auto-suficiência era a grande festa do abate, que acontecia duas vezes por ano e assegurava nossas necessidades de presunto e embutidos pelos meses seguintes. Essa festa era sempre uma grande alegria para o pessoal da cozinha, que para essa finalidade contava com o reforço das mulheres da aldeia, pois nessa ocasião havia aguardente e muita cantoria. Nenhum estadista poderia estar mais orgulhoso após a assinatura de um tratado do que Mamsellchen, a cozinheira, ao contemplar, depois de dias de trabalho cansativo, os muitos vidros de patê de fígado e as longas fileiras de presunto.

Um tributo à auto-subsistência eram as expedições realizadas para colher cogumelos ou framboesas silvestres. Nesses dias, uma carroça baixa e espaçosa era equipada com duas fileiras de rolos de feno sobre os quais se sentavam os participantes da expedição — as empregadas da casa e da cozinha e as crianças. Eram atrelados dois cavalos mansos e pacientes, pois a coisa toda costumava durar algumas horas. Finalmente o carro partia, e nós começávamos a cantar. Entre minhas canções prediletas estavam: "Como É Divertida a Vida dos Ciganos", "Dois Lírios que Plantei na Minha Cova" ou "Ali no Sabugueiro uma Menina Está Chorando". De um modo geral, naquele tempo em que ainda não havia música enlatada, cantava-se muito mais; no campo, nas carroças a caminho da colheita, as pessoas cantavam, pelo menos de manhã, pois na volta normalmente estavam todos cansados demais. Entre as lembranças mais remotas e mais bonitas que guardo comigo está o triste canto polifônico dos prisioneiros russos que trabalhavam nas plantações durante a Primeira Guerra Mundial.

Para colher os cogumelos, íamos para os campos do Pregel, que ficavam salpicados por uma infinidade de chapeuzinhos brancos; havia sempre uma acalorada disputa para ver quem conseguia juntar mais. No final, as grandes cestas de batatas ficavam repletas. Em casa, os cogumelos eram picados e desidratados para o inverno num forno especial, onde também se preparavam frutas secas, ou então eram simplesmente enfiados em cordões.

A coleta de framboesas na floresta não era tão concorrida. Por um lado, as framboesas não eram tantas assim, por outro, era muito trabalhoso chegar até elas em meio aos densos arbustos, principalmente por causa das urtigas — mas era também muito divertida.

Eu me lembro bem de como me pareceu suspeita a substituição da auto-subsistência pela economia de mercado iniciada por meu irmão quando ele assumiu a propriedade. Não tem sentido querer produzir tudo, ele dizia. É muito mais barato desfazer-se de todos os galos e galinhas e comprar os ovos. Era de se prever que um dia também o jardim seria vítima da mesma argumentação, e houve um clamor generalizado contra aquelas inovações revolucionárias. Sem dúvida, eram medidas corretas, mas era também um começo da despedida do velho mundo.

Uma outra tradição que se foi e da qual tenho saudades era a fabricação de gelo no inverno. A invenção da geladeira ainda não era conhecida e era preciso resolver o problema de conservar a carne e os outros alimentos perecíveis. Para este fim, existia em todas as melhores casas do campo um porão de gelo, que ficava em algum lugar no jardim à sombra de árvores frondosas. Era uma construção de paredes baixas revestidas de barro, coberta por um telhado de palha — pois a palha é melhor isolante térmico do que as telhas — e por dentro escavada até cerca de um metro de profundidade. O gelo era acomodado no interior desse porão, onde de fato se conservava por todo o verão até o começo do novo inverno.

Quando o gelo no lago atingia cerca de 30 centímetros de espessura, o administrador mandava oito ou 10 homens que dispensava de outras tarefas na agricultura para fazer gelo. Eles vinham com serras e longas varas com ganchos nas pontas, cortavam grandes e compridos blocos de gelo no lago, que depois eram pescados da água com as hastes, serrados em pedaços e transportados num trenó para o porão. Isso levava um dia inteiro e acabava se transformando numa ocasião festiva, pois para aquecer e animar o pessoal havia grogue, que era consumido em grandes quantidades.

Enquanto isso, os jovens da aldeia se divertiam à sua maneira. Uma estaca era fincada no gelo e uma trave de uns 4 ou 5 metros de comprimento era fixada na sua extremidade superior, de forma que alguns rapazes conseguissem fazê-la girar. "Krängel" se chamava a invenção, que funcionava como um compasso. Um lado era mantido fixo no chão, enquanto um lado móvel descrevia um círculo em torno desse ponto fixo. Na ponta da trave, eram amarrados trenós e, à medida que aumentava a velocidade com que ela girava, começava um desenfreado carrossel centrifugador, que na maior parte das vezes terminava com manchas roxas e, eventualmente, também com uma comoção cerebral.

É espantoso como as crianças são criativas quando não há nada para comprar. Para aprender a nadar, fazíamos grossos feixes de juncos, que amarrávamos com barbantes, e nos deitávamos em cima deles na água; quem tivesse a sorte de apanhar duas bexigas de porco fazia uso delas de acordo com o mesmo princípio.

Com galhos de salgueiro, que tinham que ter mais ou menos a espessura de um polegar, confeccionávamos apitos. Cortávamos um pedaço de cerca de 20 centímetros de comprimento e trabalhávamos nele com o canivete até que a casca se soltasse e pudéssemos tirar de dentro o tubo propriamente dito. Com este, entalhávamos um bocal, depois fazíamos um corte na casca onde o encaixávamos e por fim colocávamos o tubo encurtado novamente na casca. Os mais habilidosos conseguiam confeccionar até mesmo uma flauta dessa maneira.

Eu me sentia bastante dividida em meus sentimentos; por um lado eu sentia saudades dos antigos costumes, num outro sentido, as transformações do mundo não eram rápidas o bastante para mim. Certa vez, eu já era adolescente, defendi a opinião de que uma propriedade pertencente a Friedrichstein, Ottenhagen, fosse dividida em lotes e transferida para os camponeses. Minha mãe, que possuía uma grande preocupação com os problemas sociais e atuava em muitas ações caritativas, zangou-se com aquela declaração apóstata e me proibiu de repetir tais disparates.

Eu me abstinha de qualquer discussão dizendo a mim mesma: a geração antiga pensa diferente, é preciso deixá-la ser do jeito que ela é. Mas para mim era difícil entender que os adultos não se incomodassem de ficar sentados sobre as grandes pedras diante da porta da casa tomando seu café, enquanto a apenas 50 metros as carroças e os camponeses passavam em frente ao lago a caminho do trabalho. Quando eu os ouvia se aproximar, sempre dava um jeito de sair logo dali.

O abate dos porcos e a fabricação do gelo eram quebras divertidas do cotidiano, mas a festa mais importante e mais esperada do ano era sem dúvida a festa da colheita. Nessa festa havia uma orquestra de verdade que tocava valsas e polcas, ao som das quais velhos e moços dançavam a noite inteira. A maior sensação era quando as vovós da aldeia iam para a pista de dança. O baile era iniciado, quando minha mãe ainda era viva, por ela e pelo camarista, como se chamava o feitor da propriedade. Os dois dançavam algumas peças sozinhos, e todos ficavam em volta assistindo e batendo palmas. Mais tarde, meu irmão mais velho assumiu essa parte do cerimonial, o que tornou a coisa toda bem mais interessante, pois ele podia escolher a parceira para a primeira dança. Quem seria a escolhida? Esta era naturalmente uma pergunta em torno da qual havia grande expectativa já semanas antes da festa.

Também bem antes da festa, uma coroa tramada com as espigas dos cereais — a coroa da colheita — era levada ao castelo. Além deste, havia outros rituais que tinham que ser seguidos à risca. Enquanto a festa da colheita marcava sua conclusão, o começo era celebrado com um rapto simbólico. A segadura do primeiro pé de cereal era sempre executada solenemente com a foice de mão e o caule era atado ao braço do chefe — meu irmão mais velho, o proprietário —, que dessa maneira era tomado simbolicamente como refém. Ele só podia se libertar mediante o pagamento de uma grande quantia, que era usada para a compra de cerveja e aguardente. Quando criança eu gostava de ir junto para o campo e ouvir os estranhos dizeres místicos que eram recitados nessa ocasião.

Naquela época, a colheita era realizada com uma máquina muito simples, ainda puxada por cavalos. Tempos depois — quando eu já era adulta — foram introduzidas as ceifadeiras mecânicas, puxadas por tratores, pois meu irmão e eu tínhamos a ambição de transformar Friedrichstein numa empresa moderna e eficiente em todos os sentidos. Com a ajuda do professor Gerhard Preusschen, fize-

Uma cena desconhecida na era das ceifadeiras-debulhadoras: feixes de cereais empilhados no campo para secar.

mos um planejamento para a organização do trabalho e o uso de tecnologia, e eu elaborei estatísticas de produção e de despesas. Tínhamos todos os tipos de máquinas que na época a tecnologia podia oferecer para poupar trabalho: ceifadeira-debulhadora, tratores, lagartas e até mesmo ventiladores pneumáticos no celeiro. Quando comprávamos uma máquina nova e cara ou construíamos casas modernas para os trabalhadores, costumávamos dizer, já bem antes de 1939: "Os russos vão gostar". Sim, pois aqueles loucos no poder fariam uma guerra e os russos seriam nossos herdeiros, disso não tínhamos dúvidas.

Desses anos, tenho uma lembrança especial de uma festa da colheita realizada em Quittainen, uma fundação que pertencia à minha família. Meu irmão havia feito seu discurso de praxe, e, como de costume, era o camarista quem deveria responder. Então surpreendentemente Marx, o feitor, deu um passo à frente e disse apenas uma frase, da qual nunca me esqueci: "Senhor conde, se tivermos que participar mais uma vez da 'Força pela Alegria', por favor, que não seja eu". "Força pela Alegria" era uma invenção dos nazistas com a qual eles pretendiam dar provas de sua identificação com o povo e de seu engajamento social: algumas pessoas escolhidas por merecimento passavam duas semanas em Maiorca, a convite do partido.

Klatt, o administrador-geral, havia refletido longamente antes de decidir a quem deveria caber essa distinção e finalmente escolhera Marx, seu melhor e mais confiável trabalhador, embora sua dispensa fosse lhe trazer dificuldades. Depois daquela bombástica declaração, Klatt disse: "O Marx tem toda a razão, no próximo ano vamos mandar o Schwarz, ele não vale nada mesmo".

No ritmo das estações do ano

Em minha infância, ainda não havia tudo o que hoje faz parte da vida cotidiana — nem rádio, nem televisão, só muito raramente um automóvel. Quando algum automóvel perdido ia dar nas estradas rurais da Prússia Oriental, todos os cavalos se assustavam, e tínhamos que ficar contentes se eles não desembestassem. Uma vez eu vi um camponês saltar depressa da carroça, tirar seu casaco e cobrir a cabeça do cavalo para lhe tapar a visão da máquina infernal. Não havia, portanto, nenhum tipo de distração, no verdadeiro sentido da palavra. Vivíamos totalmente concentrados nas pessoas à nossa volta, na natureza e nos animais, sobretudo em nossos cavalos, cães e coelhos.

O ritmo do ano, que era sempre o mesmo, determinava nossa vida, de forma que as imagens das estações ficaram profundamente gravadas em minha memória: a primavera, a redenção do longo inverno, anuncia-se quando a água nos lagos e nos rios fica mais azul e o amarelo dos juncais resplandecente; quando fortes tempestades sacodem as velhas árvores fazendo a terra estremecer e despertando temores; quando as gralhas começam a voltar aos campos, que lentamente se cobrem de manchas, à medida que a umidade vai se dissipando. Então logo virão os abibes e depois os estorninhos e as cegonhas. A floresta recende à primavera, e quando o sol da manhã bate nos primeiros brotos das faias projetando reflexos cintilantes sobre o majestoso negro dos imponentes pinheiros, sabemos que chegou ao fim o longo inverno e a espera pelo novo pulsar da natureza.

Leva apenas poucos dias na Prússia Oriental para que a infindável imobilidade do inverno se transforme em radiante esplendor primaveril. Então as crianças precisam do dobro do tempo para ir à escola na aldeia mais próxima, de tão fascinante que é para elas canalizar para poças gigantescas a água acumulada nos sulcos deixados pelas rodas nas estradas lamacentas. Os camponeses consertam suas máquinas que estavam enferrujadas e, à noite, nas aldeias, ficam nos jardins em frente às casas admirando absortos os canteiros que acabaram de rastelar e os primeiros brotos dos arbustos.

Casas de pescadores nos campos do Pregel. Na Prússia Oriental, leva apenas poucos dias para que a infindável imobilidade do inverno se transforme em radiante esplendor primaveril.

Pouco depois aparecem no parque as primeiras cascas dos ovos azulados dos estorninhos e ouve-se o sôfrego pipilar dos recém-nascidos. Nos brejos, à beira das valas, florescem os malmequeres cor-de-gema e, nos prados, o rosa azulado das cardaminas insinua-se em meio à relva alta, que se curva levemente ao passar da foice e, belamente ordenada em longas fileiras, cai ao chão.

Os dias passam voando e as noites são curtas. Mal o céu luminoso acabou de escurecer no oeste e o sol já se levanta no leste lançando seus reflexos sobre o orvalho matutino. E quem poderia apagar da lembrança a época da grande colheita? O vento corre em pequenas ondas sobre os campos de centeio movimentando ritmadamente os talos e as espigas verdes acinzentadas com seu manto de brilho prateado. Mais alguns dias quentes em julho e as espi-

Uma tarde de verão na Prússia Oriental.

gas estarão amarelas e robustas, compactas como as cerdas de uma grande escova que as máquinas virão tosquiar com seu monótono matraquear, uma longa faixa após a outra, num circuito ininterrupto. Nos celeiros, ressoa o zunido melancólico das debulhadoras; em volta dos estábulos, paira no ar o cheiro dos cavalos suados e ouve-se o sonoro estalar dos chicotes com os quais eles são implacavelmente incitados e, atrelados em duas parelhas, impelidos para o campo em busca de mais uma carga.

Somente quando há campos de restolho, quilômetros de campos de restolho nos quais se pode galopar é que começam os grandes dias do ano. Então é preciso ter um *trakehner*[1], e no outono tem que ser um castanho-escuro. Nunca viveu o verdadeiro clímax da vida quem não conhece a sublime sensação de absoluta leveza e liberdade em cima da sela. O mundo está aos nossos pés, e ele é jovem e belo como no primeiro dia, vestido com milhares de cores e preenchido por incontáveis cheiros. Apenas escutamos o tropel e o resfolegar compassado do cavalo e o suave ruído dos arreios, aqui e ali sentimos uma corrente de ar fria que a sombra de um velho carvalho provoca à beira do caminho.

Rubros, os bagos da sorveira vibram contra o pálido azul do céu outonal. A cada dia as bétulas ficam mais resplandecentes em seu amarelo dourado, e os pastos tosados parecem um veludo que ficou velho e cheio de falhas. Esta é a época em que os alces no pântano ficam ainda mais furtivos e começa a grande migração das aves. Em bandos

---

[1] Raça alemã de cavalos de sela, originária de Trakehnen, o Haras Real Prussiano, na Prússia Oriental, sobre o qual a autora relata mais adiante. [N. T.]

gigantescos, elas voam para o sul. As cegonhas, os estorninhos e os pássaros menores há muito já se foram, quando os pássaros reais se põem a caminho: os cisnes, os grous e os gansos selvagens, que, como pérolas enfileiradas num cordão, atravessam o céu avermelhado do crepúsculo.

É como se eles levassem consigo toda a vida e toda a alegria, pois agora começam as escuras e melancólicas semanas de chuva. As estradas ficam cada vez mais intransitáveis, as parelhas debatem-se penosamente no solo encharcado dos nabais, e nas alamedas o vento arrebata as folhas em redemoinhos. Muitas vezes, mal começou novembro, é preciso acender as luzes às 3 horas da tarde e fazer um fogo

No outono, quando depois de longas chuvas o Pregel inunda os campos e os gansos selvagens, a caminho do sul, aparecem ao anoitecer, começa a caça mais emocionante do ano.

para aquecer as mãos e os pés enregelados. Somente os preparativos para o Natal retiram temporariamente os homens de sua melancólica apatia. A cada dia as crianças têm novos palpites para a encenação do mistério da natividade na casa paroquial, muitos bolos de Natal e broas de mel e pimenta são assados para a distribuição dos presentes na aldeia, à noite aparece nas casas o tradicional "cavaleiro do corcel branco" com sua comitiva de músicos mascarados e, ao monótono tanger de seu rabecão, mistura-se a gritaria das meninas apavoradas com o urso, a cegonha e o cavaleiro.

Começa então o tempo dos livros. Com 15 anos, eu havia devorado tudo que havia nas estantes. Thomas Mann,

O parque de Friedrichstein em pleno inverno. Muitas vezes, passavam-se várias semanas com 20 graus negativos, com quedas de temperatura para até 30 graus abaixo de zero; de dezembro a março tudo ficava coberto de neve.

Knut Hamsum, Stefan Zweig, Franz Werfel, Leonhard Frank, Hans Fallada e, é claro, Hugo von Hofmannsthal e Rainer Maria Rilke e muitos volumes de Dostoiévski.

Mas nenhum escritor, nenhum autor lírico pode ser mais poético do que as manhãs de outono em que, ainda no escuro, saíamos para caçar. Quando o sol nasce e, com seus primeiros raios, as gotas de orvalho refulgem como diamantes nos campos, quando o lago ao longe desponta cintilante por entre as árvores, temos a sensação de que estamos perto de compreender a essência de todas as coisas. Não são apenas os olhos que vêem esse imaculado esplendor, não é só o ouvido que apreende o profundo silêncio — nesses momentos é como se todo nosso ser fosse permeável ao milagre da criação.

É impossível reproduzir uma dessas manhãs: ninguém à vista, os abelhões começam a despertar, aqui e ali salta uma corça, um pássaro levanta vôo; mas a espingarda é só um pretexto, nenhum tiro irá perturbar a paz sagrada. Todas as impressões condensam-se em inspiração, de repente compreendemos tudo, a vida, a existência, o mundo. E só há ainda um sentimento: profunda gratidão por ser esta a minha pátria.

Também eram plenos para mim os dias em que prima Sissi Lehndorff e eu fazíamos longas cavalgadas, os estribos altos, as rédeas soltas, os cavalos correndo tudo o que podiam. Ouvíamos o tropel nas estradas arenosas e sentíamos o vento nos cabelos. Totalmente entregues ao momento, éramos preenchidas por um sentimento infinito de felicidade; ao mesmo tempo, um anseio se insinuava: lá, além do horizonte azul, lá a vida iria começar.

Não tão poéticas, em compensação alegres e animadas, eram as grandes caçadas à lebre, que aconteciam preponderantemente entre o Natal e o Ano Novo. Então vinham primos e amigos, que viajavam já na noite anterior. De manhã, um vaivém incessante: cartuchos, espingardas, gorros de peles sendo procurados, um farto café-da-manhã, subir nos carros e finalmente partir. A floresta coberta de neve, magnífica. Os atiradores se posicionam nas grandes picadas que separam as seções de caça a cerca de 80, 100 metros uns dos outros. Então começa a grande espera.

Finalmente, ouvem-se os assobios dos guardas-florestais, os sinais ecoam longe na floresta silenciosa: "ala esquerda esperar" ou "ala direita avançar". Então pouco a pouco os batedores também se aproximam. Eles exclamam "hep, hep"... e, de vez em quando, batem com seus bastões numa árvore. É emocionante quando de repente aparece uma raposa, olhando cautelosa para todos os lados; ela ainda está longe demais, embrenha-se de novo na mata, não é mais vista — provavelmente voltou para trás e escapou por entre os batedores.

Ao meio-dia, numa clareira, há uma grande fogueira para nos aquecermos e uma sopa quente de ervilhas. Os atiradores sentam-se em cima de seus bastões ou de galhos e contam suas histórias do arco-da-velha. Depois de um breve descanso, a caça continua. Muitas vezes também entra em cena um cerco, é quase o trabalho de um Estado-Maior: sem muita perda de tempo, é preciso formar um círculo de aproximadamente 1 quilômetro de diâmetro, que será impelido da periferia para o centro, sob o comando dos condutores, em número de dois ou três para cada atirador. O exército avança lentamente com suas pesadas botas e cerca a presa, que procura romper o círculo mortal. É um quadro que lembra antigas gravuras asiáticas.

À noite, sempre havia um jantar do qual nós, crianças, também podíamos participar, numa mesa separada, e no qual nos divertíamos divinamente. Essas refeições noturnas em que éramos admitidos eram a única coisa que nos era oferecida como divertimento oficial. A idéia de organizar uma festa para as crianças ou comemorar aniversários de alguma forma extravagante nunca ocorreu a ninguém. Naquela época, as crianças não desempenhavam um papel próprio. Primeiro, elas tinham que crescer e aprender boas maneiras, depois é que se veria o que fazer — essa devia ser a concepção dos adultos. Às vezes conversávamos sobre como iríamos educar nossos filhos. Minha prima Sissi, que depois se tornou minha cunhada, dizia que seu ideal eram os filhos de Ludorf, o cocheiro, em Preyl. Motivo: os sete corriam na mesma hora quando o pai chamava, todos sabiam lidar maravilhosamente bem com cavalos, e até mesmo o pequeno de 9 anos montava como um jóquei.

No fundo, estávamos felizes com o fato de os adultos se ocuparem pouco de nós, pois nos bastávamos perfeitamente bem a nós mesmos. Também sempre tínhamos alguma coisa em mente. Atividades programadas pelos adultos só atrapalhariam nossos planos. E quando um parente ou conhecido trazia filhos da mesma idade, nunca desejávamos que viessem outra vez, pois na maioria dos casos eles eram completamente inúteis para nossos propósitos: ou eram muito refinados ou muito medrosos.

E por falar em ser refinado: muitas vezes, devo ter passado uma impressão um tanto selvagem; nessas ocasiões, Grenda costumava dizer balançando a cabeça: "E esta menina quer ser uma condessa?". Um dia, eu tinha cerca de 13 anos, esperávamos a chegada de uma nova professora para mim. Eu tinha ordens para recebê-la à tarde, asseada e adequadamente vestida. Mas acabei me demorando na limpeza do esterco do viveiro dos coelhos e só consegui chegar esbaforida, do jeito que estava, à porta de entrada para cumprimentá-la e mostrar-lhe seus aposentos. Depois eu me arrumei — *comme il faut,* como minha mãe costumava dizer — e fui buscá-la para o jantar: "Você é a Marion?". Eu confirmei, e ela acrescentou em tom de censura: "Eu pensei que você viria me receber na minha chegada". Eu refleti por um segundo, mas então o equívoco me pareceu um mal menor do que a verdade e resolvi deixar as coisas como estavam.

Steinort — "a grande região agreste à beira do lago"

Nossos parentes mais próximos eram os Lehndorffs de Steinort. Steinort era sem dúvida a mais bela propriedade da Prússia Oriental. A casa senhorial, construída depois da morte de Ahasverus Lehndorf, em 1688, por sua viúva Marie Eleonore Dönhoff, de Friedrichstein, não era tão bonita, pois em épocas posteriores havia sido desfigurada por diversas ampliações, mas a paisagem era incomparavelmente bela.

Cercada em três lados pelo Mauer, o maior dos lagos masurianos, que está interligado a diversos outros pequenos lagos, Steinort era uma espécie de península. Havia muitas florestas e uma série de grandes propriedades. No parque, que se estendia até o lago, havia carvalhos de 300 anos de idade. Em minha infância, ainda havia pendurada num deles uma tabuleta do final do século XVIII na qual o então proprietário declarava sua fidelidade a um amigo, em francês medieval.

Steinort era um lugar envolto por muitas lendas. Não apenas se dizia que lá — como, de resto, nos melhores castelos da Prússia Oriental — havia fantasmas, mas também o lago, com as muitas histórias de aventuras que os pescadores contavam sobre ele, assim como a grande solidão dos bosques e da natureza em geral, tudo isso junto muitas vezes imprimia aos alegres dias passados lá um tom misterioso, quase mágico.

Evidentemente, o lago Mauer, esse paraíso não só das aves aquáticas, mas de todos os pássaros, desempenhava um papel muito importante. Havia milhares de patos, muitas galinhas-d'água, garças, corvos marinhos, gansos, cisnes e, às vezes, até mesmo águias pescadoras. Na famosa caça aos

Os carvalhos de 300 anos no parque de Steinort eram famosos em toda a região. Steinort pertencia à família Lehndorff desde o começo do século XVI.

patos de Steinort, que sempre acontecia no mês de julho, num sábado e na segunda-feira seguinte, eram abatidos entre 600 e 700 patos: os batedores ficavam dentro do lago em meio aos juncais, com galochas de cano alto até o quadril, e espantavam os patos em direção aos atiradores que, de pé dentro de botes cambaleantes, atiravam mais do que acertavam.

No inverno, quando o lago estava congelado, era possível ir até o outro lado, em Angerburg, sobre o gelo — isso encurtava o trajeto em cerca de 7 quilômetros. Mas era preciso prestar atenção, pois todos os anos havia pontos em que na primavera, com as fortes trovoadas, o gelo se quebrava abrindo perigosas fissuras. No escuro, de qualquer forma, era sempre arriscado atravessar o lago, o que sem dúvida também contribuía para sua mistificação.

Naqueles tempos, estava surgindo um novo esporte: velejar sobre o gelo. Num trenó baixo e largo, sobre dois esquis bem afastados um do outro, com uma vela alta em cima, o praticante do esporte podia deslizar em alta velocidade por longos trechos, apenas precisava tomar cuidado para não cair numa fissura. Com os anos, esse esporte foi sendo cada vez mais aperfeiçoado, até que passaram a ser realizadas grandes regatas no lago Mauer.

Os Lehndorffs vieram para a Prússia Oriental com a Ordem dos Cavaleiros Teutônicos. No começo do século XIV, a Ordem lhes concedeu as terras de Steinort como feudo. O documento de concessão da "grande região agreste à beira do lago" foi emitido em nome de Fabian, Caspar e Sebastian von Lendorf. Seu sucessor foi Meinhard, nascido em 1590 — foi ele quem plantou a alameda de carvalhos no parque de Steinort.

Com 19 anos, seu filho, o Ahasverus que morreu em 1688, partiu junto com seu primo Eulenburg, da mesma idade, e na companhia de um "preceptor", para o *grand tour* da cavalaria, pelo qual naquela época os filhos das grandes casas precisavam passar como parte de sua formação. Durante anos, eles viajaram pela Europa, estudaram estratégia na França, Direito em Bolonha, foram hóspedes de Cromwell na Inglaterra e viram Luís XIV de perto em Paris. Por toda a parte, encontravam outros jovens de todo o mundo que, como eles, queriam ampliar seus horizontes e adquirir conhecimentos; por toda a parte, freqüentaram as casas de célebres personalidades. Assim, Lehndorff parece ter sido um hóspede muito benquisto pela filha de Gustavo Adolfo que vivia em Paris, a rainha Cristina da Suécia.

Meu primo, o médico Hans Lehndorff, escreve em seu livro *Menschen, Pferde, weites Land* sobre esta viagem de sete anos de duração de seu antepassado: "Quando esteve na Itália, ele visitou os malteses em sua ilha, travou relações de amizade com muitos cavaleiros da Ordem e os acompanhou em viagens corsárias contra os turcos e os piratas. Certa vez, foi-lhe concedida a honra de ser o primeiro a pisar o convés de um navio pirata, onde porém acabou verificando que toda a tripulação já estava morta ou contaminada pela peste".

De resto, essa viagem de formação não era de forma alguma uma viagem recreativa, pois, em primeiro lugar, os dois jovens levavam uma vida extremamente disciplinada, com um rígido esquema de aulas e horários de estudos. Em segundo lugar, viajar naquela época era muito custoso e arriscado, e os viajantes tinham que passar por todo o tipo de privações: eles eram atacados por salteadores, a carruagem freqüentemente quebrava nas estradas precárias, a comida era sempre escassa e às vezes não havia absolutamente nada para comprar.

Mesmo com extrema parcimônia, uma viagem dessas era altamente dispendiosa, assim os poucos que podiam se permitir algo do gênero apenas o faziam nos casos em que tal investimento realmente valesse a pena. Quando aquele Ahasverus Lehndorff, que mais tarde se casou com uma filha de Friedrichstein, voltou para casa com 26 anos, ele passou a desfrutar de grande prestígio em virtude de seu amplo cabedal de conhecimentos. Ele foi para a Polônia, onde o rei Kasimir o nomeou comandante de todos os alemães em serviço naquele reino. Depois de seis anos na Polônia, ele entrou para o serviço público de Brandenburgo-Prússia e ocupou uma série de cargos importantes. Consta que, quando Ahasverus Lehndorff morreu, o Grande Príncipe Eleitor disse: "Perdi meu melhor estadista."

Dois anos antes de sua morte, em 1686, ele foi agraciado com o título de conde imperial pelo imperador Leopoldo. No mesmo ano, ele celebrou seu terceiro casamento, com Marie Eleonore Dönhoff, depois de ter perdido as duas primeiras esposas ainda jovens. O destino dessas mulheres sempre aparece nos relatos sobre a história da família. Em algum lugar, consta, por exemplo: "Sua mulher tinha 28 anos quando morreu, deixando oito filhos". Ou: "Morreu aos 26 anos, alguns dias após o nascimento de seu sexto filho". Naquele tempo, também as crianças morriam em série. Quittainen, a propriedade que mais tarde administrei, havia sido transformada por seu último proprietário, Bogislaw Friedrich Dönhoff, numa fundação de amparo às famílias e aos pobres depois que assistira à morte de seus 11 filhos. E Dönhoffstädt, que até então se chamava Wolfsdorf, passara para as mãos de minha família por motivos semelhantes. O proprietário anterior, von Rautter, havia perdido 15 filhos durante a peste em 1586; apenas uma filha sobreviveu e casou-se com um Dönhoff. Depois Dönhoffstädt deixou novamente de pertencer à família, pois o último Dönhoff desse ramo morreu num duelo em 1810, com 22 anos de idade.

É espantoso quantos documentos e cartas ficaram conservados nos sótãos de muitas dessas casas antigas, como em Steinort. Às vezes, há papéis que permaneceram intocados dentro de caixas por 100 anos ou mais. Os descendentes de alguém que acabou de morrer em geral não se interessam por eles: "O que pode haver de importante nas cartas do tio X e da tia Y?". Mas três gerações depois, quando "aquelas bugigangas" viraram história, certamente há algum bisneto que se lança pessoalmente sobre esses papéis ou contrata um especialista para fazer isso. É claro que só se encontram materiais desse tipo em casas que permaneceram com a mesma família durante muitas gerações.

A mãe do já mencionado tio Carol, Anna, nascida condessa Hahn, não apenas se engajava em todas as questões sociais, como também se interessava por história. Um dia, ela descobriu no sótão os diários do neto de Ahasverus, escritos em língua francesa. Ele se chamava Ernst Ahasverus e, durante 30 anos, foi gentil-homem da câmara da rainha Elisabeth Cristina, esposa de Frederico, o Grande. Suas anotações críticas são uma riquíssima fonte de informações sobre a vida na corte prussiana daquele tempo.

Um primeiro volume foi publicado em 1906, depois se

seguiram outros dois. Nos nossos dias, Haug von Kuenheim organizou uma seleção dessas anotações num único volume, que foi publicado pela editora Siedler, em Berlim. No sótão de Steinort, também estavam guardadas cerca de 800 cartas do príncipe Henrique, o irmão de Frederico, o Grande, para Ernst Ahasverus.

O bisneto do Ahasverus Lehndorff que morreu em 1688 chamava-se Carl. Carl Lehndorff, cuja irmã se casou com meu bisavô August Philipp Dönhoff, era um partidário do general von Yorck e teve um papel destacado na campanha contra Napoleão. Em dezembro de 1812, ele percorreu a cavalo por estradas cobertas de neve os 100 quilômetros de Gumbinnen até Tauroggen num único dia, para informar a Yorck a aprovação das Cortes Provinciais à dissolução da fraternidade de armas forçada com Napoleão — a Convenção de Tauroggen. No desenrolar desses acontecimentos, ele também formou um regimento de cavalaria financiado quase exclusivamente pelas Cortes prussianas, que se distinguiu de forma especial nas guerras de libertação de 1813-14.

A Convenção de Tauroggen, que proclamou a neutralidade do exército prussiano — isto é, o rompimento da aliança da Prússia com Napoleão — e foi decidida por conta e risco próprios pelo general Yorck e pelo general russo Diebitsch, provocou alívio geral entre os prussianos orientais. Mas ela também trouxe grandes preocupações, pois a princípio não se sabia se o rei da Prússia, Frederico Guilherme III, e o czar russo, Alexandre I, ratificariam esse *renversement des alliances*. Simplesmente podia ser que os franceses se vingassem e em sua fúria devastassem ainda mais a província, como já havia ocorrido antes. Os russos

enviariam tropas suficientes para impedir que isso acontecesse? E o que seria de Königsberg?

Em 23 de dezembro de 1812, Amélie Lehndorff, nascida Dönhoff, escreve de Königsberg para seu filho Carl em
Steinort:

> "A cidade está repleta de vítimas infelizes. As ruas
> estão cheias de generais e de coronéis franceses com
> todo o tipo de disfarces, até mesmo com chapéus de
> camponesas, e meio mortos de fome e de frio... On-

Amélie Dönhoff, irmã de meu avô, dama da corte em
Potsdam e muito interessada em política. A foto, de 1856,
é um dos mais antigos documentos da daguerreotipia.

tem à noite, eu vi as tropas prussianas entrarem disciplinadamente na cidade. Tudo isso me deixa extremamente preocupada de que eles pretendam defender a cidade. Às vezes, eu também penso que os russos não têm nenhuma intenção de perseguir os franceses, pois eles estão avançando muito devagar."

Em 31 de dezembro de 1812, ela escreve:

"Achamos que ele (o exército francês em retirada) está sendo perseguido pelos cossacos, e dia após dia nos preparamos para ver cenas terríveis em nossa pobre cidade, com incêndios e pilhagens, mas em vez de cossacos o que vemos são as tropas francesas reaparecerem revigoradas e bem equipadas, desfilando na maior ordem debaixo da minha janela. Dizem que elas estão avançando contra os russos, mas depois não se ouve mais nada e elas parecem ter desaparecido. Quanto aos cossacos, as pessoas afirmam vê-los em toda a parte, menos aqui em Königsberg."

Alguns dias depois, em 4 de janeiro de 1813, August Philipp Dönhoff, o cunhado de Carl Lehndorf, escreve em seu diário:

"Hoje, quando voltei a Friedrichstein, encontrei a casa cheia de russos, cossacos e hussardos. Entre eles havia um príncipe tártaro, um certo conde Koschkull e muitos oficiais cossacos. Todos os aposentos estavam lotados, e o café-da-manhã durou o dia inteiro. Todos foram muito gentis e educados. O general Kutusow e o coronel Tettenborn ainda devem vir para passar a noite com mais 15 oficiais. (...) Alguém que estava em Königsberg contou que o exército russo ficou entusiasmado com a Convenção: os oficiais e os soldados prussianos arrancaram sob suas vistas as insígnias francesas de hierarquia e mérito de seus uniformes e as jogaram fora."

Ninguém tinha dúvidas, escreve ele, de que naquele momento tudo estava em jogo. Afinal de contas, a Prússia havia selado um compromisso de prestação de "serviço militar" a Napoleão; o cunhado de Napoleão, o rei de Nápoles, ainda se encontrava em Königsberg, assim como o marechal francês McDonald. E até então o rei da Prússia ainda não havia declarado sua aprovação.

Muitos anos depois do fim das guerras napoleônicas, a Prússia Oriental ainda vivia em estado de extrema pobreza. Aquele bisavô que suportara com tanta serenidade a invasão dos cossacos em Friedrichstein registrou meticulosamente durante 30 anos todas suas despesas em livros finos e compridos, também estes em língua francesa. Durante muitos anos, na coluna "vestuário", lê-se apenas "troca de sola de sapatos", e "virar colarinhos". Em "divertimentos" está anotado que ele tomou vinho com seu primo Dohna em Königsberg; vez ou outra também está anotado um copo de cerveja.

Mesmo quando se analisa a história apenas da perspectiva de uma única propriedade — de Friedrichstein, por exemplo —, fica claro como o campo e sua população estiveram à mercê das calamidades da guerra em diversos períodos naquele século, às vezes a cada década. O único tempo de paz e prosperidade foi o período após a Guerra Franco-Prussiana, de 1870-71, que começou nos anos da fundação do Império Alemão. Esse período também marcou o fim da antiga Prússia. Essa condição foi muito lamentada pelo antigo proprietário de Friedrichstein — meu avô. Sua irmã, que era dama da corte em Potsdam e durante 30 anos manteve uma correspondência política com o irmão — havia 4 mil cartas no arquivo de Friedrichstein —, descrevia com revolta e indignação como a cobiça grassava com o afã da fundação do Império em Berlim.

O interlocutor dessa correspondência, meu avô August Heinrich Hermann, na década de 1840 foi delegado da Prússia no Bundestag em Frankfurt, onde por anos a fio lutou contra o particularismo e pela unidade da Alemanha. Em março de 1848, ele extrapolou sua competência. Ele ocupava a presidência da casa e aprovou — sem estar autorizado — a proclamação dos direitos constitucionais alemães e da lei de imprensa federal, que abolia a censura existente. Em 9 de março de 1848, ele promulgou um decreto adotando a águia imperial como brasão da federação e o preto, o vermelho e o amarelo como as cores nacionais.

O nome de August Heinrich Dönhoff também está por trás das últimas decisões de amplo alcance da Assembléia Federal. Entre elas está a resolução de 31 de março de 1848, que declara ser "um dever sagrado do povo alemão promover com todas as suas forças a recuperação do reino da Polônia e reparar as injustiças provocadas pela divisão".

Os Lehndorffs de Preyl

O fideicomisso de Steinort era a residência do tronco original da família Lehndorff, mas os "meus" Lehndorffs, Sissi e Heini — junto com os quais, ainda que de forma intermitente, eu fui educada — eram de Preyl. Preyl ficava 17 quilômetros ao norte de Königsberg, à beira de um lago. O irmão do pai de tio Carol, Heinrich Lehndorff, adquirira a propriedade, fundara este novo ramo e, logo depois de 1900, mandara construir, de acordo com o gosto da época, o castelo de aparência austera.

Desde 1866, Heinrich Lehndorff era ajudante-de-ordens do rei, e depois imperador, Guilherme I. Ele era seu homem de confiança e, até a morte do soberano, em 1888, esteve sempre ao seu lado nas ocasiões importantes. O filho mais velho dos Lehndorffs, Manfred, o pai de meus dois companheiros — o último proprietário de Preyl — era um cavaleiro excepcional. Ele foi um dos melhores adestradores de cavalos de seu tempo e muitas vezes ele mesmo montava seus cavalos nas corridas.

Em Preyl, tudo girava em torno dos cavalos. Manfred possuía um haras em Königsberg, numa grande área em Carolinenhof, onde ficava também o hipódromo. Nas férias, às vezes íamos junto com ele para Königsberg. Partíamos bem cedo de manhã, numa carruagem leve que dois vigorosos trotadores puxavam numa velocidade incrível. O trabalho matutino com os cavalos começava já às 6 horas, de forma que em Preyl tínhamos que acordar às quatro.

Em Carolinenhof, naquela época, reinava um alegre alvoroço de cavalos, jóqueis e treinadores dos diferentes haras que lá se reuniam com seus "lotes". O próprio Manfred, ou Ludolf, seu cocheiro-mor, prescrevia o treino adequado para cada um dos cavalos de Preyl naquele dia: 1.200 metros de galope rápido ou 1.500 em ritmo médio — havia infinitas variações dependendo de que animal, garanhão ou égua, competiria no domingo seguinte e em que corrida.

Manfred Lehndorff, pai de meus dois companheiros de juventude, era um dos mais famosos adestradores de cavalos de sua época.

Heini e Sissi muitas vezes montavam nessas manhãs de trabalho; eu não era competente o suficiente nesse departamento e apenas podia ficar olhando, mas também me divertia com isso e depois mais ainda no café-da-manhã que finalmente acontecia às 8 horas, depois de terminado o trabalho, e no qual se falava sem parar sobre os cavalos e os páreos, pois obviamente houvera a oportunidade de observar a concorrência na pista.

Em Preyl tudo girava em torno dos cavalos:
minha prima Sissi Lehndorff.

Sissi e eu tínhamos permissão para cavalgar sozinhas com duas éguas em Preyl, Försterchristel e Balga, com as quais apostávamos corridas pelas longas estradas arenosas. Sissi era uma amazona de extraordinário talento, que já bem cedo começara a receber os ensinamentos do pai e que, portanto, também entendia de adestramento.

Um esporte muito apreciado no inverno era arrear um desses briosos animais e atrelá-lo a uma fileira de trenós, o

Heini Lehndorff diante da casa de Steinort.

que quase sempre terminava com a cavalgada totalmente fora de controle, pois a carga era leve demais para o cavalo. Ele não desperdiçava a oportunidade e no caminho de volta, quando não antes, começava a correr desenfreadamente. Quem sofria as conseqüências eram os últimos trenós, que eram arremessados de um lado para o outro até que finalmente alguns deles capotavam.

Eu tento me lembrar de nossos momentos de estudo em Preyl, mas a única coisa que me vem à mente são os cavalos. Não me lembro mais onde — em que sala — as aulas aconteciam. Em Preyl, os quartos no andar de cima tinham números, como num hotel. Eu achava isso muito frio e sem imaginação. Que belos, em compensação, eram os nomes dos quartos de hóspedes em Friedrichstein, gravados em plaquetas de latão que ficavam penduradas nas chaves: Quarto da Árvore Genealógica, Quarto dos Retratos, Quarto dos Pfanschmidt, os Aposentos Reais, o Grande e o Pequeno Quarto do General. Os dois últimos se chamavam assim em homenagem ao irmão de meu avô, o general Louis Dönhoff. Como no quarto, com 7 metros de pé direito, fazia muito frio no inverno — como se sabe, o calor se desloca para cima —, ele mandou construir um mezanino, para o qual subia com a ajuda de uma escada de marinheiro, para então se instalar confortavelmente numa poltrona.

Quanto às aulas, eu me lembro apenas de uma entre as diversas professoras: a senhorita Kobert, uma mulher jovem, alheia aos acontecimentos do mundo. Como ela tinha autoridade para ditar punições, nós a víamos como uma espécie de inimigo de classe e nos achávamos no direito de combatê-la. Ela era medrosa por natureza e essa característica abria grandes possibilidades. Um dia, em sua ausência, colocamos um de nossos porquinhos-da-índia em seu quarto e depois ficamos espiando pelo buraco da fechadura, ansiosos por ver como ela reagiria. Pelo jeito, ela nunca tinha visto um daqueles bichinhos marrons e deve tê-lo tomado por uma espécie de rato, de qualquer forma, ela ficou com tanto medo que subiu na mesa e de lá de cima ficou vigiando o estranho animal, que por sua vez, assustado com o ambiente desconhecido, escondeu-se debaixo da cama.

Muito depois, quando nós três já éramos adultos havia bastante tempo, Heini herdou a residência original da família, Steinort. Isso aconteceu em 1936, depois da morte de tio Carol, que não tinha filhos. Heini Lehndorff mudou-se para a região na Masúria que antigamente fora designada como "grande região agreste" e, com muita competência e uma paixão sempre renovada, modernizou a produção e dirigiu a propriedade de forma exemplar, tanto nos aspectos administrativos quanto nos aspectos sociais.

Depois do dia 20 de julho de 1944, que foi fatídico para Heini assim como para todos os outros amigos, nunca mais estive em Steinort. Nós dois estávamos ligados ao grupo que conspirava contra Hitler. Eu estava envolvida com determinados preparativos, Heini diretamente com a execução.

Minha tarefa foi contatar Heini Dohna, que havia sido indicado, com a aprovação de Stauffenberg e do comitê interno, como líder de uma futura composição de governo na Prússia Oriental; além disso, eu deveria montar um quadro geral sobre que pessoas na administração regional nazista, dominada pelo *gauleiter* Erich Koch, poderiam ser úteis à nossa causa e quem, ao contrário, era perigoso; e, finalmente, eu deveria tentar recrutar, para o caso de necessidade, o chefe de um regimento de granadeiros blindados que era a única unidade não subordinada ao comando local, mas diretamente a Berlim.

Na Prússia Oriental, a situação ficou especialmente difícil quando o quartel-general do *Führer* e uma parte do alto comando militar se encontravam nas florestas do Mauer, em Steinort. O próprio castelo fora requisitado como quartel por Ribbentrop, o ministro das Relações Exteriores. O atentado precisava, portanto, ser planejado com muita cautela, e o futuro chefe deveria ser uma personalidade forte, que desfrutasse de ampla credibilidade. Ninguém parecia mais adequado do que o conde Heinrich Dohna, de Tolksdorf, um homem que todos tinham na mais alta consideração e era respeitado entre civis e militares. Ele aderiu imediatamente. Como todos os outros, também foi executado.

Durante muito tempo, eu me torturei perguntando a mim mesma por que ele teve esse fim, enquanto eu, que o arregimentei, fui apenas interrogada e escapei ilesa. A resposta eu só obtive muito mais tarde: ele estava na lista das pessoas que assumiriam cargos, enquanto eu tinha que cuidar de minhas responsabilidades em Friedrichstein e Quittainen e, portanto, não podia estar disponível para outros compromissos.

Em 19 de julho, chegou até Heini Lenhdorff em Steinort, onde ele cumpria uma licença especial para tratar de assuntos relacionados à propriedade, a notícia de que o atentado seria no dia seguinte. Eram 7 horas da manhã, poucas horas antes de a bomba de Stauffenberg explodir, quando ele foi para Königsberg para, em caso de êxito do atentado, conduzir a tomada de poder pelos representantes do general Beck no comando do distrito militar da região. Ele trocou de roupa na floresta, pois a polícia de segurança que fora destacada para proteger Ribbentrop não deveria ver que ele estava uniformizado.

Depois que as primeiras notícias sobre o fracasso do atentado foram divulgadas pelo rádio, Heini voltou profundamente deprimido e preocupado. Ele deixou seu carro numa das propriedades, montou em seu cavalo e foi para Steinort como se estivesse voltando do trabalho no campo. No dia seguinte, quando por acaso viu pela janela a Gestapo se aproximar de automóvel, ele teve uma reação totalmente espontânea: não se deixar apanhar. Foi como se a terra o tivesse engolido. Ele sumiu de repente. Ninguém mais o viu. Provavelmente, ele pulou do primeiro andar para o jardim e correu em direção ao lago. Logo depois a Gestapo soltou seus cães atrás dele, mas eles logo perderam seu rastro, pois o experiente caçador correra por longos trechos dentro da água. Mais tarde, depois de ter se entregado — para não pôr sua família em risco —, ele ainda conseguiu fugir mais uma vez da Gestapo em Berlim, mas apenas por poucos dias. Em 4 de setembro, ele foi enforcado na prisão de Plötzensee.

Sissi, que se casou com meu irmão Dieter em 1933, perdia então seu segundo e último irmão. No final da guerra, ela saiu da Prússia Oriental no último trem com seus três filhos pequenos. Depois que a guerra terminou, toda a família emigrou para a Irlanda.

Férias: de preferência, em casa

Com a diferença de idade relativamente significativa que existia entre mim e meus quatro irmãos mais velhos, acabei convivendo mais com os Lehndorffs da minha idade do que com meus irmãos. O estranho, porém, é que só vim a conhecer esses parentes próximos já bem tarde. Meus pais visitavam Preyl com freqüência, mas nunca tiveram a idéia de me levar junto. Naquela época, não se dava lá muita importância às crianças.

Também não tenho lembranças de viajarmos nas férias de verão. Uma vez, logo após a Primeira Guerra Mundial, minha mãe me levou com ela para a Suíça, onde vivia sua irmã. A caminho, fizemos uma parada em Romanshorn; foi uma estadia inesquecível, pois lá me deram chocolate quente com *chantilly* e torta. Eu nunca havia experimentado *chantilly*, pois lá em casa, durante a guerra, havia um controle rigoroso para que de um modo geral não vivêssemos melhor do que as pessoas na cidade. O resultado daquela orgia foi terrível: mal havíamos entrado na elegante casa dos Thiele-Winklers — já no vestíbulo —, não consegui segurar comigo aquela incomum iguaria nem por mais um segundo. Eu queria me enfiar num buraco debaixo da terra, pois minha mãe havia me recomendado milhares de vezes que me comportasse convenientemente.

Viagens: uma vez eu fui junto com os grandes para Noordwijk, no hotel Huis ter Duin. Eu me lembro de que na volta na cabine do trem estavam todos radiantes e eufóricos, porque finalmente estávamos voltando para casa. Meus irmãos maquinavam o que fariam ainda naquela noite: um dos meus irmãos disse que ia caçar narcejas, minha irmã mais velha queria selar sua égua favorita... Eu era ainda muito pequena para tais planos e de resto ainda estava tão amargurada com aquele "maldito hotel" que não consegui participar da alegria geral. No último dia, à mesa, haviam me proibido alguma coisa, e eu de tanta raiva acabei mordendo sem querer um pedaço de um copo muito fino. Minha babá, que sabia que uma tia me dera cinco marcos para a viagem — acho que foi o primeiro dinheiro que pude dizer que era meu —, declarou ameaçadora: "Você vai pagar o copo com seu próprio dinheiro". Eu pensei, não faz mal, eu sou tão rica que posso quebrar meia dúzia de copos se quiser.

Sem dúvida com o intuito de imprimir um tom dramático à situação, o garçom foi enviado ao *maître d'hotel* para perguntar quanto custava um copo novo. Logo ele voltou com a informação: cinco marcos. Foi um grande choque. Creio que esse acontecimento foi a pedra fundamental para a minha indiferença perante o dinheiro, favorecendo logo cedo o entendimento de que esse bem transitório não é digno de qualquer empenho.

Viajar de férias era tão desagradável quanto receber visitas de outras crianças — duas coisas sem as quais podíamos passar muito bem. Voltar para casa era tão importante pelo simples motivo de que nunca sabíamos o que havia acontecido aos nossos animais em nossa ausência. Certa vez, um filhote de raposa que eu com muito esforço, por assim dizer, amamentara, foi embora quando tive que passar três dias na cama. Ele nunca voltou e é muito pouco provável que tenha sobrevivido, pois um animal que como ele se tornou estranho à sua espécie, a si mesmo e ao seu ambiente, tem de fato muito poucas chances lá fora.

Não muito mais feliz foi o destino de um jovem corço. Provavelmente, sua mãe havia sido apanhada e devorada pelos cães selvagens. Os lenhadores encontraram o filhote quase morto de inanição e o trouxeram para nós. Eu o alimentei com a mamadeira, e o pequeno Peter pouco a pouco foi se apegando a mim, tanto que no final me seguia por toda a parte. Quando já estava quase adulto, Peterchen ganhou um grande lugar cercado para ficar, do outro lado do parque. Era o cemitério da família, onde havia muitas árvores antigas.

Ele estava bem lá, mas quando "botou" seu primeiro chifre, na falta de um rival ele sentiu a premente necessidade de "enforquilhar" o jardineiro, que colocou minha mãe diante de duas alternativas: ou deixar o jardim abandonado ou tirar o corço de lá. Diante de tal ameaça, minha mãe tomou uma decisão: Peter tinha que ir embora. Com o coração apertado, levei-o até a floresta. Meu irmão Christoph foi comigo para afugentá-lo. Mas não teve jeito — com grandes saltos, o corço sempre voltava até onde estávamos, num vaivém que só foi terminar em casa. Entregá-lo a um dos guardas-florestais rezava a decisão lapidar. E foi também o que aconteceu.

É claro que, além de animais nobres, como raposas e corços, havia também criaturas inferiores como coelhos, porquinhos-da-índia e cães. Sobretudo cães. Christoph tinha uma adorável fêmea *dachshund* chamada Hexe, que adorava caçar. Com sua ajuda e de mais dois cães da mesma raça que pertenciam a um dos guardas-florestais, de tempos em tempos era realizada uma busca nas tocas das raposas. As raposas e os texugos muitas vezes moravam juntos na mesma toca. O texugo era poupado, mas a raposa, que roubava as galinhas, era considerada inimiga e tinha que ser combatida.

Os cães se "infiltram" na toca, e depois de um tempo ouvimos seu sinal de aviso: "A raposa está lá dentro". Então começa o duplo suspense. Primeiro: será que ela vai "pular", isto é, vir para fora e ser abatida por um dos atiradores postados na saída do túnel? Segundo: os cães conseguirão voltar a salvo? Nem sempre isso está garantido, pois pode acontecer que, numa toca com muitas ramificações, eles entrem num túnel sem saída e não consigam mais achar o caminho de volta ou mesmo que a raposa bloqueie sua passagem. É possível saber o que está acontecendo pela forma com que eles latem e se necessário tenta-se tirá-los de lá de dentro com a ajuda de pás e machados. Muitas vezes isso não é possível nos lugares em que há densos raizames ou então, quando conseguimos liberar a passagem, os cães já se deslocaram para outro ponto.

Sempre tivemos cães, mas nunca eram os mesmos. Minha mãe tinha uma estranha paixão, alternar as raças: mastins húngaros, *old english sheepdogs*, dogues alemães... Os primeiros de que me lembro foram os terranovas, uma matilha completa que vivia num canil. Quando certa vez — com 5 anos — desobedeci a proibição de abrir a porta desse canil, todos eles finalmente livres lançaram-se para fora ao mesmo tempo me derrubando e saltando por cima de mim como cavalos sobre um cavaleiro caído de sua montaria. Algum tempo depois foi a vez dos galgos. Também deles só tenho a lembrança de uma cena desagradável: uma manhã por algum motivo todos nós havíamos saído; os cachorros, que eram novos e ainda precisavam se adaptar, ficaram no quarto de minha mãe, sozinhos. Como não podia deixar de ser, revistaram tudo e acabaram descobrindo uma grande caixa com comprimidos laxativos que devem ter achado especialmente saborosos, pois eram revestidos de chocolate. Eles comeram todos, não sobrou nenhum. Só à noite, quando voltamos para casa, é que nos deparamos com o resultado: uma cena indescritível.

A série seguinte foram os dogues. O primeiro dessa raça chamava-se Mönch e era um macho de pêlo amarelo, grande e amedrontador. Ele chegou numa caixa gigantesca, foi libertado de sua prisão e logo depois alojado numa cesta no quarto da minha mãe. À noite, quando ela quis ir para a cama, lá estava ele muito bem acomodado defendendo sua posição com rosnados e dentes à mostra. Minha mãe não teve alternativa a não ser passar a noite no sofá.

Mas os cães não eram a única paixão, também criávamos galináceos das mais extravagantes espécies: *Oringtons*, *Plymouth Rocks* e muitas outras que sempre apareciam no viveiro pelo qual a senhora Olschewski era responsável. Os *Plymouth Rocks* eram aves exuberantes, de plumagem azul-acinzentada. Havia cinco fêmeas e um macho. Não fazia muito tempo que elas estavam lá quando tivemos a idéia de fazer uma experiência para ver o que aconteceria se lhes déssemos pão embebido em álcool para comer.

O efeito foi arrasador. O altivo macho, um exemplar magnífico, pareceu apreciar muito aquela refeição especial. Não demorou muito, lá estava ele apoiado sobre um pé só e cacarejando sem cessar. Finalmente, fomos chamados para almoçar e não pudemos mais observar a evolução dos acontecimentos. Pouco depois, já havíamos esquecido o experimento. Mas o grande susto foi à noite quando a senhora Olschewski apareceu para contar à minha mãe que infelizmente tivera que sacrificar o precioso macho, que adoecera de repente. "Como assim doente?". "Ele estava trêmulo, cambaleando o tempo todo para lá e para cá". Tratamos de sumir dali o mais rápido possível.

Às vezes nosso trio era ampliado com alguns dos Lehn-dorffs de Trakehnen. O estribeiro provincial, conde Sieg-fried Lehndorff, diretor da coudelaria de Trakehnen, tinha cinco filhos e uma filha; os mais velhos eram mais ou menos da nossa idade. A propósito, a mãe deles era filha do ultraconservador visconde de Oldenburg-Januschau, que desempenhou um certo papel na política e também era vizinho de Hindenburg. Meu pai não gostava nem um pouco dele e de suas posições reacionárias, mas as pessoas se divertiam muito com as tiradas jocosas, muitas vezes grosseiras, que ele punha em circulação. "A manjedoura é sempre a mesma, só o que muda é o gado que nela se alimenta", ele disse uma vez com respeito às eleições para o Reichstag. Foi ele quem cunhou a expressão "um tenente e 10 homens", que acabou entrando para o repertório político alemão. Antes da Primeira Guerra Mundial, ele disse perante o Reichstag: "O rei da Prússia e imperador da Alemanha deve poder a qualquer momento dizer a um tenente: 'Pegue 10 homens e feche o parlamento'."

A comparsaria ocasional com os muitos Lehndorffs oferecia grandes possibilidades para novas peripécias: esconde-esconde no escuro por toda a casa em Preyl era uma das brincadeiras preferidas. Roubar ninhos de gralhas também era muito excitante: tínhamos que subir nos pinheiros, a maioria dos quais não tinha galhos até bem no alto, de forma que só conseguíamos chegar lá em cima com a ajuda de grampos iguais aos que os funcionários do correio utilizavam para subir nos postes telefônicos.

Naturalmente nessas ocasiões os cavalos desempenhavam um papel ainda maior do que antes, pois às vezes também passávamos uma parte das férias em Trakehnen. A famosa coudelaria havia sido fundada em 1732 por Frederico Guilherme I, o pai de Frederico, o Grande. Já naquela época, ela abrigava mais de mil cavalos, entre os quais 500 éguas reprodutoras, pois o rei mandara reunir o contingente das diversas coudelarias espalhadas pela Prússia Oriental e o transferira para Trakehnen.

Com o passar dos anos, Trakehnen teve sua área cada vez mais ampliada, de forma que em nossa época a propriedade já abrangia cerca de 6 mil hectares e possuía 350 éguas reprodutoras selecionadas, separadas em grupos conforme a cor: as alazãs, as castanho-escuras, as pretas e um grupo misto.

Desde pequena eu amava os cavalos, mas foi em Trakehnen que passei a vê-los como criaturas equiparáveis ao homem. Cada um dos 20 principais garanhões vivia num pavilhão próprio, do qual fazia parte também uma área externa livre, e era tratado como uma personalidade individual. Suas árvores genealógicas, assim como as dos nobres catalogados nos nobiliários, remontavam a muitos séculos. Um deles, cujo nome era Tempelhüter, foi homenageado ainda em vida com um monumento de bronze em tamanho natural, que ficava em frente ao escritório de tio Siegfried Lehndorff em Trakehnen. Depois os russos o levaram para Moscou, onde hoje se encontra em frente a um instituto de agricultura.

Em nosso tempo, um outro garanhão me impressionava de forma especial. Ele se chamava Mestre Magpie e andava sempre com uma focinheira, pois era tão nervoso que arrancava o próprio pêlo com os dentes; por todo seu corpo havia partes já cicatrizadas, mas sem pêlos. Os dois garanhões brancos também me pareciam legendários: Cancara, que uma vez avistou uma matilha numa caçada e pulou uma cerca de 1,80 metro de altura para se juntar à tropa de cavalos galopantes. Sobre o seu pai, Nana Sahib, não era a lenda que dizia, mas sim o diário do estribeiro-mor: ele pulou um muro de 2 metros de altura que servia para delimitar sua área e que depois disso teve que ser elevado.

Trakehnen era uma propriedade incrivelmente bela: uma paisagem magnífica, velhas alamedas, cercas pintadas de branco, campos verdes e cavalos nobres até onde a vista alcançasse. Quem esteve lá numa caçada, quem viu o ímpeto e a paixão com que os cavalos saltavam sobre os muitos obstáculos certamente nunca vai se esquecer dessa visão.

Dos sete jovens Lehndorffs daquela época, apenas um sobreviveu à guerra, o médico Hans Lehndorff, autor do extraordinário *Ostpreußischen Tagebuch*[1]. Seus irmãos morreram na guerra, o mais novo com 19 anos; o mais velho, que havia sido retirado da frente — pois três de seus irmãos haviam morrido em combate — foi fuzilado durante a invasão dos russos, junto com sua mãe, que acabara de ser libertada de uma prisão nazista. Heini Lehndorff, o primo de Preyl, foi, como relatei, executado na prisão de Plötzensee depois de 20 de julho de 1944; seu único irmão mor-

---

[1] *Diário da Prússia Oriental.* [N. T.]

reu em combate na Rússia pouco antes de completar 25 anos. A guerra de Hitler devastou impiedosamente as famílias no leste. Os dois filhos de minha irmã mais velha, que ainda não tinham 20 anos, e o filho único de minha outra irmã, que acabara de completar 20 anos, morreram na frente oriental.

Mas naquela época, em Friedrichstein, Preyl ou Trakehnen, todos éramos ainda alegres adolescentes, cavalgávamos ou caçávamos juntos e fazíamos aulas de dança em Preyl com um professor que vinha da cidade. Mas nem tudo era diversão. A severidade imperava e as punições não tardavam. Uma vez eu recebi o duro castigo de não assistir junto com os outros ao que seria o primeiro filme da minha vida, pelo qual eu esperava ansiosamente. Naquela época, muito excepcionalmente todas as crianças juntas, sob a supervisão de uma professora da casa, podiam ir a Königsberg para ver algum filme muito famoso.

Na noite anterior, durante a brincadeira de esconde-esconde, eu prendera Heini Lehndorff no porão de gelo — onde ele se escondera —, fechando o trinco do lado de fora. Isso evidentemente aconteceu sem pensar muito, e foi também sem perceber que o esqueci lá dentro. Atraída por seus gritos, uma boa alma que passava por ali o libertou já em avançado estágio de congelamento.

Obviamente, a notícia foi espalhada pela boa alma e não por Heini Lehndorff — isso teria sido totalmente contra o nosso código de honra. E obviamente eu aceitei a punição draconiana fingindo indiferença, pois essa também era uma lei não escrita: suplicar seria indigno.

A propósito, o porão de gelo em questão, localizado ao lado da cozinha, era construído de acordo com os últimos avanços técnicos. Era uma grande câmara sem janelas, toda azulejada, que tinha capacidade para conservar um boi inteiro, diversas peças de caça e ainda outras coisas que ficavam acomodadas em prateleiras. Ao lado, separado apenas por uma grade de ferro, ficava aquele compartimento escuro para o gelo, que era permanentemente abastecido com blocos de gelo que vinham daquele outro porão que já descrevi.

Costumes e deveres

Em Friedrichstein e Preyl estávamos submetidos a autoridades e a regras de comportamento diferentes, o que desde cedo nos familiarizou com a relatividade desses conceitos. Em Preyl, eram proibidas coisas totalmente diferentes de Friedrichstein. Por exemplo, em Preyl não podíamos entrar na cozinha, nem comer entre as refeições. Por isso, furtávamos ovos no galinheiro, açúcar da despensa e fazíamos suspiros num velho forno que havia num galpão abandonado perto da estufa de plantas. Havíamos chegado à conclusão de que diante de proibições arbitrárias era preciso agir de forma oportunista; contanto que, como também acreditávamos, nos mantivéssemos fiéis aos princípios cujo valor permanente nós mesmos havíamos percebido.

Como já mencionei, todas as manhãs havia uma oração em Friedrichstein: todas as domésticas, a senhorita Schikor e a senhorita Quednau, o criado Fritz e seu ajudante estavam presentes. Quem de nós estivesse em casa tinha que aparecer. Isso era algo óbvio que jamais questionaríamos, simplesmente fazia parte da vida ali. Ir à igreja aos domingos também era obrigatório. Todos nós íamos a pé pela longa alameda de tílias até Löwenhagen, inclusive nossos pais, pois naturalmente o cocheiro não podia ser incomodado aos domingos. Nossos pais eram os primeiros a sair, em tempo hábil; um pouco depois, atrasados e esbaforidos, seguiam os pequenos e por último os grandes, que para conseguir chegar na hora pegavam suas bicicletas e partiam desabalados pela alameda. Como isso era proibido — pois devíamos andar sempre bem compostos — eles as escondiam nas moitas um pouco antes da aldeia de Löwenhagen.

O pároco, que morava em Löwenhagen numa casa em frente à qual sempre passávamos a caminho da estação, tinha que ser cumprimentado com toda deferência. Muitas vezes, ele estava sentado à janela preparando seu sermão; então, estivesse ele olhando para nós ou não, fazíamos uma reverência. Durante a semana, porém, na maior parte das vezes, ele não podia deixar de notar a carruagem senhorial, pois uma carruagem com molejo passando a toda velocidade sobre o calçamento de pedras produz um som totalmente diferente do das carroças dos camponeses. Esse som tão freqüente em minha infância ainda hoje ressoa na memória, mesmo depois de tantos anos sem ouvi-lo. Do mesmo modo que um outro ruído: quando Grenda, ao passar em frente ao castelo, incitava os cavalos e entrava na curva com um grande impulso, fazendo o cascalho espirrar contra os raios das rodas.

Em Friedrichstein havia um mundo de carruagens, sem dúvida um aparato imitado do exemplo da corte. Elas ficavam enfileiradas numa longa cocheira, disponíveis em todos os tamanhos e diferentes graus de elegância, puxadas por um só cavalo e por parelhas, ao lado de carros de caça e de um cupê. Este era utilizado apenas em enterros e para transportar doentes — e, na vida normal, apenas quando "Sua Excelência, o conde" ou "Sua Excelência, a condessa", como diziam as pessoas, tinham que viajar para algum lugar e o tempo estava muito ruim.

Grenda, que tinha um grande senso de dramaticidade, gostava de me contar como batera seu próprio recorde num grande desempenho quando teve que ir buscar o médico em Königsberg no meu nascimento. Como todos os meus irmãos, eu vim ao mundo em nossa casa em Friedrichstein. Na ocasião, de acordo com o relato de Grenda, "Sua Excelência, o conde, veio e disse: 'Vá depressa, atrele uma carruagem e corra tudo o que puder, mesmo que custe os cavalos'". A distância até Königsberg era de 20 quilômetros, Grenda afirmava ter voltado em 3 horas trazendo o professor Unterberger.

Naturalmente, fazia parte dos nossos deveres cuidarmos sozinhos dos nossos animais — cães e coelhos — e dar um jeito caso surgisse alguma confusão. O sentido de solicitude nos foi incutido tão fortemente, que até hoje ainda sinto o reflexo de me lançar em auxílio quando alguém deixa cair alguma coisa no chão ou precisa de ajuda na rua.

A regra era que sempre cumprimentássemos primeiro — não apenas o pároco e o *kantor*, que durante a semana dava aulas na escola da aldeia e aos domingos tocava órgão na igreja — a propósito, a deferência que lhe devíamos era em algumas nuances inferior àquela para com o pároco —, mas também os trabalhadores. É claro que faríamos isso de qualquer forma, pois conhecíamos todos eles, e muitos eram bons amigos, como os condutores das carroças, por exemplo.

Durante a colheita, eles me deixavam levar as carroças que recolhiam os cereais de monte em monte. Todas as carroças eram puxadas por duas parelhas, que eram controladas da sela. Eu montava orgulhosa no cavalo da esquerda da parelha de trás e tinha que cuidar para que os cavalos da frente não se enroscassem nos arneses e nas guias e obedecessem ao chamado para o próximo monte. Mas ai de mim se não prestasse atenção. Eu levava uma tremenda bronca e tinha que ficar uns dias sem aparecer. Aprendemos muitas coisas observando esses severos mestres: cuspir longe, por exemplo. Todos nós sabíamos, meu recorde era 4 metros; mas estalar no ar o longo chicote de duas parelhas eu não conseguia. Em compensação, sabia assobiar com os dedos, uma habilidade que meus irmãos invejavam muito. Eles se vingavam espalhando que eu tinha aprendido essa arte nos dedos de Grenda.

Sobre a origem da grande propriedade fundiária

Quase todas as gerações deixaram suas marcas no castelo, apenas uma sala que ficava no andar superior, exatamente em cima da grande sala do jardim, nunca foi concluída, nem mesmo suas paredes haviam sido rebocadas. Ela permaneceu no estado bruto da construção, e por isso a chamávamos a "sala tosca". Ali as diversas gerações foram depositando móveis e caixas com objetos de que não precisavam mais ou que haviam começado a colecionar sem nunca ter concluído a coleção. Quando éramos crianças, gostávamos de bisbilhotar nessas caixas.

Muito tempo depois, já adulta, quando escrevia minha tese de doutorado, a "sala tosca" tornou-se para mim uma verdadeira mina, onde encontrei muitos documentos importantes para o tema de que me ocupava. A proposta daquele trabalho era investigar que condições haviam possibilitado o surgimento de uma propriedade de tão grandes dimensões, especificamente "da época da Ordem dos Cavaleiros até a libertação dos camponeses", como dizia o subtítulo. Entre outros documentos, encontrei naquela sala a série completa dos livros-caixa da administração geral da propriedade a partir de 1790, bem como os interessantíssimos diários de meu bisavô, escritos de 1790 a 1815 em língua francesa, cobrindo o "período dos franceses" e a guerra de libertação, além de suas negociações com Napoleão sobre a contribuição de guerra. Todo esse material, junto com o arquivo, foi vítima das chamas em 1945.

Mas afinal quando e de que maneira surgiram as grandes propriedades rurais no leste? No século XIII, quando os cavaleiros da Ordem atravessaram o Vístula e se estabeleceram nas imensas florestas de sua margem oriental, a principal preocupação era a defesa da terra. A Ordem não tinha condições de manter um exército permanente e por isso vinculou a posse da terra aos serviços cavaleirescos, criando assim uma classe que dispunha de grandes extensões de terra e em troca deveria prestar serviço militar. Para cada 40 *hufen* (um *hufe* equivalia a 16 hectares), a Ordem exigia um serviço pesado de cavalaria isto é, quem possuísse 40 *hufen* tinha que prestar serviços equipado com uma armadura completa, armas pesadas e um "corcel devidamente apetrechado e de porte adequado, acompanhado de dois outros cavaleiros". Para os casos de menos de 40 *hufen*, eram exigidas apenas armas leves e um cavalo.

Enquanto nos primeiros séculos a Ordem reservou para si a propriedade fundiária, apenas cedendo as terras como feudos, num período posterior, em pior situação econômica, as dívidas atrasadas junto aos chefes de mercenários e outros credores haviam atingido somas tão vultosas, que ela teve que começar a transferir suas propriedades para o pagamento dessas obrigações. Assim, começou a segunda fase, na qual a Ordem se viu obrigada a vender ou hipotecar suas terras e com isso ampliar a propriedade privada.

O primeiro Dönhoff que se estabeleceu na Prússia Oriental foi Magnus Ernst, em 1620, vindo da Livônia. Ele havia voltado à Alemanha como legado polonês nas cortes da Saxônia e de Brandenburgo e adquirira, mediante penhor, o cargo de tesoureiro de Waldau, às margens do Pregel. Em 1666, seu filho Friedrich comprou, pelo preço de 25 mil táleres, as propriedades que deram origem a Friedrichstein "com todos as benfeitorias e benefícios, todos os direitos e privilégios, jurisdições, grandes e pequenas, e também o domínio sobre as estradas, além de outras prerrogativas senhoriais, a caça e a pesca, as tabernas e as licenças para mantê-las, moinhos e moendas...".

Nas décadas seguintes, ele adquiriu novas propriedades com pagamento em dinheiro. O fato de ser possível pagar em dinheiro pode ser atribuído ao preço da terra, que, correspondendo aos parcos rendimentos, era extremamente baixo, enquanto os cargos públicos eram, em termos relativos, dotados de alta remuneração. Assim, um balanço dos anos de 1691 a 1695 realizado por Friedrich Dönhoff demonstrava que os proventos resultantes de seu cargo como capitão-governador da fortaleza de Memel eram aproximadamente os mesmos de suas propriedades de 4.250 hectares de Friedrichstein — cerca de 27 mil táleres nos cinco anos.

A propósito, os contratos de penhor costumavam ser bastante desfavoráveis para os credores. Caso o empenhante quisesse resgatar o objeto empenhado depois de 30 anos, ele teria que reembolsar o detentor do penhor por todas as despesas realizadas durante esse período, o que na maioria dos casos ele não tinha nenhuma condição de fazer. Assim, as chances de restituição do capital eram mínimas; além disso, não existiam cláusulas sobre juros, pois se partia do pressuposto de que o rendimento do objeto empenhado corresponderia em qualquer caso ao rendimento do capital emprestado — uma concepção resultante do pensamento econômico naturalista daquela época.

A transmissão através de penhor é a forma de garantia de crédito que domina toda a Idade Média e avança pela Era Moderna. Quando, por exemplo, no começo do século XVIII, a cidade de Berna concedeu um empréstimo à Áustria, foi negociado o empenho do "território avançado" da Áustria ao lado de todos os "direitos de soberania", bem como a transferência imediata do penhor. No ano de 1768, a República de Gênova teve que entregar a ilha da Córsega ao Estado francês numa transação semelhante.

Magnus Ernst Dönhoff, voivoda de Pernau.

Cinqüenta anos depois de Friedrich Dönhoff, em 1747, seu neto adquiriu as propriedades limítrofes de Borchersdorf e Weißenstein, inicialmente como penhor, mas 30 anos depois elas foram incorporadas ao patrimônio de Friedrichstein. Uma crônica da época relata que, "como as duas propriedades ficam à beira da estrada, elas sofreram muito com os barbarismos da guerra e estão em grande parte devastadas". Sobre Weißenstein, diz a crônica: "De 13 camponeses, apenas quatro ainda permanecem na propriedade, e desses quatro apenas dois em condições razoáveis". O terceiro fugiu durante a guerra, mas depois voltou, sua casa junto com o celeiro e o estábulo, todos incendiados, são avaliados em apenas 80 marcos. O quarto camponês nada mais possui, "foi embora durante a guerra e se estabeleceu na cidade antiga de Königsberg, mas foi trazido de lá novamente e reassumiu sua lavoura". Os nove núcleos restantes estão arrasados; em quatro deles nada mais restou das casas e das outras edificações a não ser "algumas vigas e pedaços de madeira queimada". Seu valor é cotado em 20 marcos. "Nos outro cinco, nada restou das antigas construções."

De todas as propriedades que foram compradas ao longo de séculos e que juntas formaram Friedrichstein, apenas uma delas estava em "estado excelente": Barthen. Em todas as outras, o motivo para a venda era sempre as altas dívidas e as péssimas condições econômicas, que na maioria dos casos se deviam à devastação da guerra pelos russos, poloneses ou suecos. Apenas alguém que, como Otto-Magnus Dönhoff — que construiu o castelo nos primeiros anos do século XVII —, estivesse investido de um alto cargo público podia se permitir comprar propriedades tão deterioradas para depois recuperá-las.

Otto-Magnus foi ministro plenipotenciário na Corte Imperial Alemã, ministro de Estado e da Guerra, embaixador da Prússia na Conferência de Paz de Utrecht, general de divisão e governador em Memel. Em 1713, quando ele adquiriu os 2 mil hectares de Hohenhagen, todas as edificações estavam a ponto de desmoronar, a maioria das pessoas havia abandonado o lugar, quase não havia gado; "a floresta estava devastada e arruinada, o campo inculto e estéril".

Como feito especialmente notável, entre as benfeitorias introduzidas por ele, alguém menciona o poço que mandou construir no estábulo, a partir do qual era possível bombear a água para os bebedouros, de modo que no inverno as vacas não precisavam ser levadas para o açude congelado.

Hoje não se faz idéia do quão primitivamente se trabalhava no campo naquela época. Uma certa noção disso nos é fornecida por um trecho de uma crônica do século XVIII que enaltece uma máquina de cortar feno em Hohenhagen como uma obra-prima da moderna tecnologia. Diz o autor:

> "Um engenho como este nunca foi visto antes em toda a Prússia, e também não se encontrou um artífice aqui na região que entendesse do funcionamento de um tal moinho, motivo pelo qual o conde Friedrich Dönhoff mandou vir de Berlim um mestre na construção de moinhos muito famoso de nome Rammin, que, junto com o moleiro Krebs de Friedrichstein, a quem ele ensinou como proceder, preparou as peças de madeira na aldeia em Friedrichstein no ano de 1750.

A estrutura de ferro foi encomendada na melhor ferraria de Königsberg e depois trazida junto com o madeiramento para Hohenhagen, onde foi ligada à roda de moinho ali existente."

Segue-se uma minuciosa descrição da mecânica:

"O moinho é tracionado por dois cavalos no andar inferior; no andar superior fica a carga, da qual a lâmina pode talhar com um só corte 12 polegadas de feno muito bem comprimido. São empregadas duas pessoas nessa tarefa, das quais a que está embaixo faz os cavalos andarem em círculos e a outra, que fica em cima, só precisa abastecer a máquina com nova carga de feno à medida que ele vai se escasseando. Os cortes se sucedem com bastante rapidez e a palha cortada cai num compartimento à parte através de uma abertura feita especialmente para esse fim."

Compreende-se melhor o entusiasmo do cronista por essa máquina quando mais adiante se lê que até então, para abastecer cada palheiro, diversos camponeses precisavam trabalhar de manhã à noite cortando o feno e só quando toda a necessidade de palha em Hohenhagen estivesse satisfeita, eles podiam se ocupar com outras tarefas. Os custos dessa máquina prodigiosa montaram a 200 táleres.

Ainda por muito tempo, a vida no campo continuaria a ser simples e frugal. Oitenta anos depois da invenção da máquina de cortar feno, em 1830, o orçamento do neto de Friedrich Dönhoff apresentava a receita de 34.997 táleres, ao lado de despesas no montante de 33.946 táleres. O principal item das despesas dizia respeito à "restituição de capitais", com 17.733 táleres, seguido pela educação e o sustento dos sete filhos, com 5.408, e depois pelo "pagamento de rendas à minha família, 4.018, e pelos juros pagos por capital emprestado, 4.998 táleres". Todas as outras quantias são ínfimas, por exemplo, "despesas pessoais" (roupas, livros, viagens, presentes, gorjetas, vinho, correio e outros): 373 táleres. "Para o custeio das despesas domésticas" (especiarias, arroz, açúcar, sal, arenque, sabão, luz, vestimentas para os empregados) foram gastos 224 táleres.

De fato, nada particularmente opulento para os donos de uma propriedade de 6 mil hectares. Mas o estado geral da economia sofreria ainda mais com os efeitos nefastos das Guerras Napoleônicas. Na época, tiveram que ser pagos 150 milhões de táleres à França como contribuição de guerra — uma quantia exorbitantemente alta para aquele tempo.

Um antigo poço em Hohenhagen.

A peste e a guerra devastam as propriedades

Em todas as épocas, a Prússia Oriental esteve à mercê de calamidades. Cem anos antes, entre 1708 e 1711, a peste dizimou sua população; estima-se que 250 mil pessoas — numa população total de 600 mil, quase a metade, portanto — tenham encontrado a morte nesse curto período. Este é um dos motivos das recorrentes queixas ao longo de décadas sobre lavouras abandonadas e falta de mão-de-obra.

Nos anos de 1756-63, durante a Guerra dos Sete Anos, nos freqüentes aquartelamentos e durante a passagem das tropas, todos os mantimentos e provisões, muitas vezes também o gado e os cavalos, eram confiscados. Como ficou registrado num relato da época:

> "[...] em 1757, depois de perder a batalha de Groß-jägersdorf (em Wehlau), o exército prussiano recuou na direção ocidental e se aquartelou durante oito dias nas propriedades de Friedrichstein — o prejuízo daí decorrente é avaliado em 4 mil táleres. Logo depois, uma brigada do Exército Imperial Russo montou seu quartel-general em Friedrichstein e nos lugarejos circunvizinhos. Na primavera de 1759, o exército russo apareceu mais uma vez, e dois regimentos se distribuíram pelas propriedades locais durante várias semanas. Quando finalmente o exército levantou acampamento,

os proprietários e os camponeses foram obrigados a fornecer carregamentos com forragem para os animais e víveres para as tropas e a acompanhá-las durante muitas semanas. Em agosto de 1761, foram enviadas mais 15 carroças, cada uma delas puxada por uma parelha, levando provisões e armamentos para a Posnânia e a Silésia, via Kulm, algumas delas tendo viajado mais de quatro meses."

Num relatório do conde Dönhoff ao rei, datado de 20 de setembro de 1757, ele descreve o "prejuízo considerável" causados às suas propriedades pelos saques e pilhagens do exército prussiano, especialmente pelo comportamento dos hussardos negros, que assolaram furiosamente algumas aldeias. "Arrombaram todas as portas, espancaram os moradores, roubaram, demoliram deliberadamente vários edifícios e confiscaram as provisões, inclusive sementes."

As propriedades rurais no leste eram uma forma mista de empresa rural explorada diretamente pelo proprietário, muitas vezes chamada de *Vorwerk*, e por camponeses estabelecidos nas terras da propriedade, em sistema de aforamento. A empresa era, portanto, formada pelo *Vorwerk*, com seus empregados fixos, e pela chamada aldeia, pela qual se entendia o conjunto de lavradores, artesãos e agregados e da qual quase sempre fazia parte, como centro social, uma taberna. Os camponeses tinham que prestar, por um período de oito a 10 dias por ano, a chamada corvéia, isto é, serviços realizados na propriedade como pagamento pelo uso da terra. Normalmente, um camponês possuía de 2 a 3 *hufen* de terra no sistema de aforamento, pelos quais pagava uma renda anual; no século XVIII, essa renda ou foro variava de 10 a 20 táleres por *hufe*. A especialização entre os artesãos era muito maior do se pode imaginar hoje; das folhas de pagamento que encontrei nos livros contábeis, podem ser extraídas as seguintes especializações: pedreiro, carpinteiro, madeireiro, segeiro, torneador, tanoeiro, marceneiro, vidraceiro, poceiro, telheiro, oleiro, ferrador, ferreiro, craveiro, caldeireiro, picheleiro, peleiro, seleiro, correeiro, peliqueiro, cordoeiro, escoveiro, tecedor, sapateiro, colmeeiro, limpador de chaminés.

A mim parece espantoso que Georg Friedrich Knapp, com seu famoso livro *Die Bauernbefreiung und der Ursprung der Landarbeiter in den älteren Teile Preußens*[1], publicado pela primeira vez em 1887, em Leipzig, possa ter dominado a ciência por todo um século com sua teoria de que as grandes propriedades rurais resultaram da "expropriação dos camponeses"; provavelmente isso só foi possível porque essa opinião serviu para corroborar os preconceitos de muita gente. O certo é que, com o edital de outubro de 1807, que outorgou liberdade a todos os camponeses, a massa de pequenos agricultores, que com isso perdia o amparo senhorial, foi rebaixada à categoria de trabalhadores rurais; mas o interesse dos proprietários não estava voltado para a aquisição de mais terras, e sim para a obtenção do maior número possível de camponeses que lhes pagassem rendas pelo uso da terra. O edital dizia: "No dia de são Martinho do ano de 1810, cessará qualquer tipo de vassalagem em todas as nossas terras. Depois do dia de são Martinho do ano de 1810, só existirão homens livres".

---

[1] *A libertação dos camponeses e a origem dos trabalhadores rurais na antiga Prússia*. [N. T.]

Isso soava bem, mas também naquela época a dificuldade residia na execução: os processos de liquidação e de indenização estendiam-se por anos a fio, muitos camponeses se endividavam, não havia mais a ajuda do senhorio nas catástrofes econômicas; alguns camponeses iam à falência e se davam por felizes quando o senhorio assumia suas terras e saldava suas dívidas.

Antes do edital, nos casos de necessidade, não restava alternativa aos proprietários das terras a não ser empreender ações de socorro, muitas vezes de grande amplitude. No relatório em que Dönhoff fala do "prejuízo considerável" causado às propriedades de Friedrichstein, ele também descreve o quanto sofreu a sua propriedade de Eyserwagenschen, localizada no distrito de Wehlau; tanto que ele se viu forçado a comprar, com dinheiro vivo nos armazéns de Wehlau e Königsberg, sementes e cereais para o pão dos súditos a fim de que sobrevivessem até a próxima colheita.

"O prejuízo, de acordo com averiguação judicial, monta a mais de 22 mil táleres. Mas para prover de novos bens as aldeias de camponeses de Eyserwagenschen, onde dos 30 agricultores locais apenas alguns poucos ainda possuíam um cavalo e muitos absolutamente nada, mandei comprar com dinheiro vivo, junto a diversos judeus e empresários poloneses, para os camponeses e para o *Vorwerk*, tantos cavalos quantos eram necessários para fornecer a cada um dos agricultores um apoio inicial e, ao mesmo tempo, colocar o *Vorwerk* novamente em funcionamento e também para que as construções arruinadas pudessem ser algumas delas consertadas e outras reconstruídas desde a base."

Chamar isso de "expropriação dos camponeses" é simplesmente enganoso.

Também por um outro motivo a libertação dos camponeses não foi tão libertadora como prometia o edital dos reformadores: muitos dos privilégios dos senhores feudais permaneceram por força do hábito ou foram reinstituídos através de um rígido código municipal e da lei dos trabalhadores rurais. Essa lei foi promulgada na década de 1850 e vigorou até o fim da Primeira Guerra Mundial. Além disso, os distritos formados pelas propriedades permaneceram como unidades administrativas, o que na prática assegurava aos donos das terras a continuidade de parte de seu domínio feudal, pois a administração de seu distrito ainda estava corporificada na sua pessoa. Eram eles também que exerciam o poder policial.

Knapp concluiu que as grandes propriedades rurais do leste apenas puderam surgir porque os camponeses teriam sido "expropriados" em grande estilo. Ele estava familiarizado com o padrão do domínio da terra no oeste e, pelo visto, não foi capaz de perceber que no leste existiu primordialmente uma economia agrícola com base na grande propriedade. Ele não quis acreditar que a grande propriedade rural no leste não resultou da "expropriação" de pequenas empresas agrícolas, mas sim da justaposição de propriedades de pequeno e médio porte, cuja exploração agrícola se dava diretamente pelo proprietário e por um setor de camponeses, simultaneamente.

Contrariando essa teoria, o proprietário de Friedrichstein, no começo do século XVII, fundou nove aldeias no vale do Pregel, nas quais 77 camponeses com um total de cerca de mil hectares se estabeleceram como "rendeiros livres". Eram camponeses livres, sem nenhuma obrigação de corvéia; nos primeiros quatro anos em que deveriam cultivar a terra em parte pantanosa, eles estavam liberados de pagar foro pelo uso da terra, nos sete anos seguintes deveriam pagar 70 centavos por jeira (4 jeiras correspondiam a um hectare) e, depois, 1 florim.

Uma antiga casa de camponeses, típica da planície do Pregel.

Como os Dönhoffs alemães se tornaram poloneses

Entre os documentos que meu trabalho de doutorado trouxe à luz, havia uma mala com centenas de notas e fichas de arquivo sobre o ramo polonês dos Dönhoffs, extinto no final do século XVIII. No ano de 1791, morreram as duas últimas mulheres descendentes de Dönhoffs na Polônia. Ao que tudo indicava, meu avô havia contratado um especialista para realizar pesquisas e tinha intenção de um dia avaliar esse precioso material, que encontrei ainda em estado bruto. Em 1945, ele foi queimado junto com todo o arquivo antes de ser trabalhado.

Muito antes de me ocupar com meu doutorado, ainda criança, eu observava curiosa os retratos e soletrava os estranhos nomes que ficavam à mostra numa grande moldura dourada sobre uma mesa na sala do jardim, em Friedrichstein. Sobre o gasto veludo marrom, estava afixada uma série de pinturas em miniatura. Ali eu via Luís XV, da França, e sua esposa Maria Lesczynska, filha do rei Stanislaus Lesczynski, da Polônia; outros dois retratos representavam Gerhard Dönhoff, nascido em 1590, mestre de cerimônias na corte polonesa, e sua mulher, a princesa Sibylle von Brieg und Liegnitz, avós de Stanislaus Lesczynski. Mas como os Dönhoffs alemães se tornaram poloneses eu só pude esclarecer depois que abri aquela mala e mais algumas caixas na "sala tosca".

Foi para a região nordeste da Europa, entre o rio Vístula e o lago Peipus, onde durante séculos alemães, poloneses, russos, suecos e dinamarqueses conviveram e guerrearam, selaram alianças ou mataram-se uns aos outros e onde — dependendo de quem tivesse subjugado quem — ora um, ora outro exercia a supremacia, que minha família, vinda da região ocidental da Alemanha, emigrou em 1330. Durante séculos, ela permaneceu em sua nova pátria,

Stanislaus Ernst Dönhoff (1673-1728),
general na Lituânia, voivoda em Plock.

não importando quem exercesse momentaneamente o poder supremo: a Ordem, a Igreja, os poloneses, suecos, russos ou prussianos.

Os Dönhoffs, que ainda na Idade Média deixaram sua antiga terra natal na Vestefália — Dunehof, às margens do Ruhr — para emigrar para o leste, atravessaram a região que mais tarde viria a ser sua pátria na Prússia Oriental e se estabeleceram inicialmente na Livônia, de onde então emigraram para a Prússia em 1620. O primeiro a vir para o leste com a Ordem dos Cavaleiros da Espada foi o cavaleiro Hermanus Dönhoff, cuja esposa era uma Pappenheim. Ele fundou na Livônia, às margens do rio Musa, ao sul de Riga, uma segunda Dunehof, tornando-se o patriarca de um novo ramo da família, que por 18 gerações viveu entre o Vístula e o Peipus: na Polônia, até a morte da última Dönhoff polonesa, e na Prússia Oriental, até a invasão dos russos em janeiro de 1945.

A Ordem dos Cavaleiros da Espada, pela qual certamente o cavaleiro Hermanus se sentiu mais atraído do que pela Ordem Teutônica, que do mesmo modo poderia tê-lo estabelecido na Prússia, reinou durante 350 anos na Livônia; em 1567, o último grão-mestre da Ordem, Gotthard von Kettler, foi forçado pelos poloneses a assinar um termo de submissão, e a Ordem foi dissolvida. Segundo o tratado, o território ao norte do rio Düna passava para a Polônia, enquanto a região ao sul do rio era transformada num ducado secular. Como os Dönhoffs ficaram onde estavam, passaram a existir assim tanto Dönhoffs alemães quanto poloneses.

O Hermanus que emigrara em 1330 e seus descendentes haviam, pois, permanecido nas terras do Riga; sempre o mais velho assumia Dunehof, e os outros irmãos entravam na Ordem.

Na sétima geração, eles podem ser vistos pela primeira vez na cena política. "Gert, o Velho" foi porta-bandeira da Livônia, cargo que, no século XV, tinha uma grande importância. O estandarte, que originalmente apenas o soberano podia carregar, representava autoridade. "Gert, o Velho" lutou em muitas batalhas ao lado do grão-mestre e em tempos mais pacíficos ajudou a construir a administração interna. Ele aderira à Reforma e se tornou um dos maiores proprietários de terras do país. Ele morreu em 1574, em Riddelsdorf.

Alexander Dönhoff.

Guardo até hoje nitidamente sua imagem na memória, pois numa parede em Friedrichstein havia uma pintura a óleo que o representava em tamanho natural, com um longo cavanhaque e um tapa-olho preto no olho esquerdo. Nós, as crianças, tínhamos grande admiração por ele, pois nos haviam contado que ele vivera mais de 100 anos e que, aos 70, havia pulado de uma mesa para dar ao seu gordo filho — cujo retrato estava pendurado ao lado do seu na mesma parede — uma lição de agilidade; foi justamente aí que ele feriu o olho.

Nas miniaturas na moldura barroca dourada, debaixo dos nomes dos Dönhoffs, havia muitos títulos estrangeiros: voivoda, estaroste, castelão... um ou outro também era

Stanislaus Dönhoff, o último proprietário de
Dönhoffstädt, que morreu num duelo aos 20 anos.

general e lutara no exército polonês contra os turcos. Outro ainda, chamado Johann Kasimir, recebera o nome de seu padrinho, o rei João Casimiro, o último Vasa a ocupar o trono polonês. Ele escolheu a carreira clerical, estudou em Roma, fez parte da prelatura do papa Inocêncio XI, foi nomeado núncio apostólico em Roma pelo rei da Polônia e depois sagrado cardeal pelo papa.

Um outro Dönhoff, de nome Gaspar, nascido em 1587, caiu nas graças da corte por ter desempenhado com sucesso a missão que lhe havia sido confiada de pedir a mão da irmã do imperador Ferdinando III — a arquiduquesa Cecília Renata —, em Viena, para o rei polonês Vladislau IV. Ele foi nomeado príncipe e grão-marechal do reino. Seus três filhos casaram-se nas três famílias mais importantes do país: os Radziwills, Lesczynskis e Osalinskis.

Seu irmão mais novo, Gerhard, também obteve sucesso numa missão nupcial. Depois da morte de Cecília Renata, ele foi enviado a Paris por Vladislau IV para negociar um contrato de casamento com Louise Marie Nevers Gonzaga, a rica filha do duque de Mântua. Em agradecimento ao feliz desfecho de sua missão, ele foi nomeado castelão de Danzig e "comissário naval e de guerra da frota marítima". Ele foi o único almirante polonês a ocupar esse posto antes de 1918 — contudo, isso apenas na teoria, pois a frota nunca chegou a ser formada.

Um dia descobri por acaso que a história dos Dönhoffs na Polônia — embora a família tivesse se extinguido em 1791 — misteriosamente havia continuado. Numa viagem que fiz à Polônia como jornalista, numa visita ao cemitério Powazki, eu vi um túmulo com a inscrição: Miecio Denhoff, morto em 1903.

Morto em 1903? Como podia ser? Na mesma época, um conhecido meu na Polônia, Andrzej Niewiadomski, também havia feito essa descoberta. Sua curiosidade genealógica foi despertada e seu interesse histórico instigado; depois de dois anos, durante os quais realizou, sem que eu soubesse de nada, todas as pesquisas possíveis, ele me relatou o resultado extremamente divertido de suas investigações.

No ano de 1782, a filha do camarista do rei da Polônia Ernst Nicolaus von Kleist, que se chamava Luise Sophie e tinha 15 anos de idade, casou-se com um alto e rico dignitário de 43, o conde voivoda Jan-Thaddäus von Syberg. Essa jovem senhora mantinha um célebre salão em Varsóvia, no qual se encontravam os proeminentes da Polônia no período de efervescência nacional, isto é, antes da promulgação da nova Constituição polonesa de 1791.

Nesse salão, certo dia apareceu um jovem de 24 anos, herdeiro de uma família igualmente ilustre, Stanislaw Ledochowski. Ele era companheiro de armas do general Thaddäus Kosciuszko, que mais tarde se tornaria um lendário combatente da libertação. Entre os dois jovens logo teve início um romance que se transformou num escândalo de primeira categoria. Eles tiveram três filhos, dois meninos e uma menina. Vendo-se na embaraçosa situação de decidir que sobrenome os filhos teriam, os pais não hesitaram em lhes dar o nome de Denhoff; afinal de contas os Dönhoffs já não existiam mais, o nome estava livre. Assim não havia nada que se opusesse àquele estranho, mas muito oportuno procedimento. Os dois filhos se tornaram oficiais — depois disso, perderam-se as pistas. Aquele Miecio Denhoff, morto em 1903 aos 9 meses, deve ter sido um descendente de um desses filhos.

Friedrichstein torna-se um fideicomisso

A partir de 1791, portanto, só havia Dönhoffs propriamente ditos na Prússia Oriental. Desde 1660, eles residiam em Friedrichstein, que até o final da Segunda Guerra Mundial, portanto até 1945, sempre foi transmitido, durante oito gerações, pelo pai ao filho mais velho. Era uma tradição que os outros filhos não apresentassem pretensão à herança, mas não existia uma garantia de que seria assim para sempre. Por isso meu avô — depois que ele e seu pai com extrema, quase ascética parcimônia saldaram todas as dívidas — decidiu fazer da propriedade um fideicomisso.

Fideicomisso significa, como diz o nome (*fidei commissum* = transmitir para mãos confiáveis), que o titular do bem não é seu proprietário, mas sim seu administrador fiduciário. Portanto, ele não podia dispor livremente da propriedade. O mais velho herdava, todos os outros filhos saíam de mãos vazias; isto é, as moças recebiam um dote quando se casavam, e os rapazes uma boa formação. O resto eles tinham que arranjar por conta própria. Finalmente, na velhice, todos poderiam encontrar juntos um refúgio na propriedade. A Carta de Weimar dispôs a dissolução dos fideicomissos; na época, em 1919, havia cerca de 1.300 deles na Alemanha.

Na introdução da ata de fundação, de 1859, meu avô escreve:

"Eu, o atual proprietário dos bens de Friedrich-stein, conde August Heinrich Hermann Dönhoff, nascido em Potsdam, em 10 de outubro de 1797, conselheiro titular do rei da Prússia e membro da Preußiches Herrenhaus, pretendo, através da conversão dessa propriedade num fideicomisso, com a ajuda de Deus, prevenir tal perigo no futuro (desmembramento da propriedade pela divisão da herança) fazendo para isso tanto quanto minhas forças permitirem.

Há muitos anos, assumi como dever lutar com perseverança para alcançar esse objetivo. Meus constantes esforços para saldar as dívidas que herdei junto com a propriedade foram recompensados e doravante posso ter esperanças de poder assegurar a meus sucessores no fideicomisso uma existência sem preocupações e um ponto de apoio e de referência para toda a família em qualquer circunstância que se apresente em tempos vindouros.

Que os futuros titulares do fideicomisso, por sua vez, vejam nessa fundação o desafio premente e a dívida de honra de não se deixarem levar pela simples fruição e inatividade, mas, ao contrário — assim como a própria fundação somente foi possível com trabalho árduo e constante —, que também estejam seriamente preocupados com a preservação, o melhoramento e a ampliação do fideicomisso, com o conforto de suas viúvas e de seus descendentes e com a formação de reservas que lhes possam socorrer nos tempos de guerra e em outras calamidades. Em particular, transmito aos meus sucessores no fideicomisso o dever de nunca perderem de vista que, uma vez livres da preocupação com seu sustento, estão comprometidos antes de mais nada — se, de resto, tiveram a aptidão para tal — com a defesa de interesses mais elevados, sobretudo, os que dizem respeito aos assuntos públicos do país."

Nenhum de nós jamais contestaria ou sequer lamentaria em seus pensamentos essa norma que de forma consciente e deliberada preteria os filhos mais novos. Tínhamos orgulho de termos nascido e crescido numa propriedade tão bela, e sabíamos que ela jamais poderia ser preservada se houvesse uma divisão efetiva da herança. Meu irmão mais velho, o proprietário de Friedrichstein, levava pessoalmente uma vida extremamente modesta, mas gastava muito dinheiro na restauração do castelo. Ao longo de anos, a feia cor marrom-escura, bem ao gosto do século XIX, foi sendo pouco a pouco removida do revestimento de madeira e

Um desenho do final do século XVIII: o castelo visto do lago.

as cores originais foram recuperadas, o dourado a óleo foi substituído por folhas de ouro.

Todos os anos no verão, Alfred Sommerfeld, restaurador dos castelos berlinenses, passava quatro semanas de férias em Friedrichstein com sua família e supervisionava esse processo de embelezamento. A restauração foi concluída pouco antes do início da Segunda Guerra Mundial, mas logo depois, na primavera de 1945, durante a invasão dos russos, o castelo que acabara de surgir em novo esplendor foi vítima das chamas.

Aquele sistema, no qual o privilegiado estava tacitamente comprometido a compensar o privilégio através de uma certa abnegação pessoal, de modo geral deu origem a uma posição que, transcendendo o próprio ego, estava voltada para o todo. Uma tendência que era reforçada pela consciência da inserção numa comunidade claramente delimitada. Naturezas egoístas e instáveis, sem dúvida, podem ter sido seduzidas pela tentação do paternalismo a se aproveitar de sua posição e a abusar de seus privilégios. Mas um sistema que esteja imune contra o abuso ainda não foi inventado. Onde é o homem quem põe e dispõe, os resultados são sempre "humanos".

Todas as revoluções começam com a promessa de eliminar a injustiça social da estrutura de dominação existente e de instituir a liberdade onde ela está ausente. Na maioria das vezes, no entanto, não demora muito para que se estabeleçam outras formas de injustiça e para que, no lugar da antiga ausência de liberdades, novas liberdades sejam tolhidas. Quando a nova rede de leis, normas, tabus e costumes acaba de ser tecida, os homens se põem imediatamente a procurar falhas — e as encontram.

Além disso, cada sistema está sujeito a tentações específicas. O velho mestre Eschenburg escreve em seu livro *Spielregeln der Politik*[1]:

> "Por que no Império Alemão de 1871-1918 quase não houve casos de corrupção parlamentar e na República de Weimar, de 1918 a 1933, eles aconteceram em número muito menor do que hoje? Existia uma ética superior? Um motivo é que até 1908 não se pagavam gratificações aos parlamentares e mesmo depois de 1918 elas eram relativamente baixas. Aposentadoria parlamentar, nem pensar. Hoje o tipo preponderante do político profissional, ao contrário, reivindica e recebe uma remuneração incomparavelmente maior do que seus predecessores antes de 1933. O reverso dessas regulamentações de salários e pensões é que, em naturezas instáveis, pode se insinuar também um anseio por garantias contra a perda do mandato e por indenização pela perda. Sem corrupção, não é possível obter essa garantia."

Essa é a reflexão do mestre. O anseio dos parlamentares pelo maior grau possível de independência levou dialeticamente a uma nova dependência.

Hoje quando penso a respeito, a relação que eu tinha com Friedrichstein me parece uma "mistura" difícil de definir de um amor ilimitado e de uma espécie de alegria abstrata pela posse. Um pouco como hoje amamos a natureza ameaçada: é preciso protegê-la, cuidar dela, sentimo-nos

---

[1] *As regras do jogo da política.* [N. T.]

responsáveis, mas não como proprietários individuais, e sim num sentido mais elevado.

Naquela época, quando criança, eu podia definir isso ainda menos do que hoje, pois nunca se reflete sobre o óbvio. Da mesma forma que os animais tomam posse — quando as raposas e os texugos cavam suas tocas ou uma ave de rapina faz seu ninho e se arvora soberana de um determinado território —, assim também, quando crianças, construíamos nossos abrigos por toda a parte nas campinas de Friedrichstein. Todos os outonos, erguíamos gigantescos castelos de folhas e, é claro, também os viveiros dos coelhos precisavam ser constantemente ampliados ou transferidos para algum outro lugar.

Meus irmãos mais velhos até mesmo construíram uma casinha de verdade na beira da floresta, com janelas de vidro, uma porta de verdade e um telhado tão perfeito, que nenhum carpinteiro poderia fazer melhor. Eles a chamavam simplesmente de cabana, mas tinham imenso cuidado com o espaço em volta. Havia um jardinzinho na frente e uma pequena ponte sobre um fosso com uma balaustrada que havia sido tramada com finos galhos brancos de bétulas formando as iniciais dos construtores.

Sobre a nobreza

Vista de fora, antigamente, quando ainda formava uma categoria especial e desempenhava um papel, a nobreza tinha um certo lado cômico. Eu porém só conseguia percebê-lo como espectadora — isto é, apenas nos outros e não em minha família. Por exemplo, eu achava muito engraçado que algumas pessoas mandassem pintar uma larga faixa em suas malas com as cores de seus brasões: preto e amarelo, branco e azul...

Justamente quando se está viajando, querer mostrar a todo mundo: "Vejam aqui vai alguém que pertence àquela confraria especial", me parecia algo bastante estranho, desagradável, para falar a verdade. "Mas por quê?", perguntava um dos meus tolerantes irmãos: "Na Inglaterra, eles se fazem de importantes com a gravata de seu *College* para que os iniciados saibam da educação cara de que desfrutou o dono da gravata".

Em minha família, nunca vi uma mala que tivesse nossas cores estampadas como logotipo. Meu pai tinha viajado muito pelo mundo para se prender a tais costumes provincianos. Tampouco meus irmãos usavam camisas que ostentavam do lado esquerdo — mais ou menos na altura do coração — as iniciais bordadas com uma coroa em cima, como eu vira nos grandes da Silésia e do sul da Alemanha. Na roupa de cama e nas toalhas, porém, também lá em casa o brasão era diligentemente bordado e nas toalhas de mesa até mesmo fazia parte da trama do tecido.

Ridículos, mais do que qualquer outra coisa, me pareciam os velhos senhores que viviam com o anuário genealógico da nobreza, o *Gotha*, e eram capazes de citar a árvore genealógica completa da noiva com a qual algum parente acabara de se comprometer — como um estribeiro que sabe de cor a origem de suas éguas até a terceira geração. Um almanaque como o *Gotha* é no fundo uma obra de referência útil, mas eu não consigo me lembrar de ter visto alguém consultando um deles em Friedrichstein. Eu nem mesmo sei se lá havia algum. Um anuário do *Gotha* abrangia cinco volumes, um para cada uma das cinco diferentes categorias: o nobiliário da corte tinha capa vermelha; o catálogo dos condes era verde-escuro; o dos barões, violeta; o da nobreza tradicional, azul-claro e o da nobreza de título, verde-claro.

Décadas depois, quando eu já estava no *Die Zeit*, em Hamburgo, ocasionalmente os leitores e às vezes também os tipógrafos me perguntavam o que significavam as diferentes pontas nas coroas e por que alguns nomes eram escritos com "von", enquanto em outros havia apenas um "v.". Eu podia entender que as pessoas esperassem de mim a resposta a essas perguntas e me dispus a fazer essa lição de casa. Encontrei muitas coisas no divertidíssimo livro que o historiador J. Rantzau publicou sob o pseudônimo de Joachim von Dissow: *Adel im Übergang*[1].

A única coisa que eu já sabia antes, algo que percebia intuitivamente quando criança, é que no interior da nobreza existe uma complicada hierarquia, com muitas nuances,

---

[1] *Nobreza em decadência.* [N. T.]

que, por exemplo, nem todos os nobres do leste são *junkers*, como pensa o leigo. Quando tínhamos visitas, eu podia perceber claramente a diferença nos preparativos feitos para a recepção de cada uma delas: qual quarto de hóspedes? Que libré para os criados? Que menu? Para alguns eram dispensadas grandes cerimônias, para outros muito menos. Alguns pareciam não ter importância alguma e ninguém fazia muito caso deles, mas por que era assim na verdade eu só fui descobrir no livro de Rantzau.

Em primeiro lugar, a experiência histórica ensina que o significado da nobreza remonta à Idade Média, com a prestação dos serviços da espada, isto é, de defesa. Isso levou, como expus num capítulo anterior, à aquisição de terras; de resto, isso não se restringe à Idade Média, mas avança até os nossos tempos: Bismarck, Moltke e outros receberam grandes doações depois de 1871, assim como Hitler também presenteou uma série de seus marechais-de-campo e generais com propriedades rurais.

O primeiro *Gotha*, publicado em meados do século XVIII, era na verdade um catálogo oficial com informações sobre as dinastias e os governantes da Europa, e apenas sobre estes. Era o que mais tarde se chamaria de nobiliário da corte e se restringia às famílias pertencentes à "alta nobreza". Os catálogos dedicados à "baixa nobreza" surgiram apenas no século XIX. A divisão em alta nobreza e baixa nobreza remonta ao ano de 1806, isto é, ao período anterior à dissolução do Sacro Império Romano Germânico. Quem, antes de 1806, servisse diretamente ao imperador, e não a um senhor feudal, e estivesse representado no Reichstag, isto é, no Parlamento Imperial, em Regensburg, que ali se reunia desde 1603, era membro da alta nobreza.

A coisa se complica, porque mesmo entre os membros da baixa nobreza havia aqueles que estavam diretamente ligados à corte, mas não estavam representados no Reichstag, como, por exemplo, o barão von Stein. Estes barões imperiais distinguem-se da alta nobreza imperial com as insígnias de cavaleiros imperiais.

Um conceito que aparece ocasionalmente é o de "mediatizados". Eram os poucos poderosos que em 1806, depois da queda do Império Romano Germânico, estavam subordinados aos grandes príncipes regentes, isto é, aos reis da Prússia, da Saxônia, da Baviera e de Württemberg. Como consolo pelas adversidades impostas a essas famílias, após 1815 concedia-se aos seus membros, com base na Constituição da Liga Alemã, a igualdade perante as dinastias regentes alemãs por ocasião de matrimônio.

Os Dönhoffs foram nomeados condes imperiais em 1633 pelo imperador em Viena, e, por isso, estavam numa situação um pouco melhor do que os condes normais, que haviam recebido esse título de um senhor feudal. Mas também não vão muito além disso, pois eles não são, como se pode deduzir das explanações de Rantzau, "autênticos" condes imperiais, uma vez que não estavam representados em Regensburg e, portanto, não pertenciam à alta nobreza.

A diferenciação entre nobreza tradicional e nobreza de título é a seguinte: a outorga de títulos e cartas de nobreza, portanto, documentos oficiais, existe apenas a partir do final do século XIV. As famílias que, com documentos reconhecidos pelo direito privado, conseguem provar sua nobreza de uma data anterior a 1350 são consideradas membros da nobreza tradicional; à nobreza de título pertencem as que conseguem provar sua condição depois dessa data.

Quando soube disso, mais uma vez recorri à grande enciclopédia Brockhaus para ver o que se dizia lá sobre a nobreza e para meu desgosto tive que ler: "A divisão até hoje muito comum entre uma nobreza tradicional oriunda dos dinastas e uma nobreza de título que teria surgido por diploma a partir de 1400 é insustentável". Bem, agora cada um que acredite no que quiser.

Originalmente, eu pretendia apenas esclarecer por que em alguns casos o "von" é escrito por extenso e em outros aparece apenas como um "v" seguido de um ponto. Na verdade, ao que parece, as famílias nobres podem escrever como bem entenderem — assim como podem simplesmente suprimir o "von" se quiserem; muitas porém não o fazem por princípio. Rantzau diz a esse respeito: "Algumas famílias, em especial no noroeste da Alemanha, possuem o 'von' antes de seus sobrenomes — por exemplo, von Spreckelsen, em Hamburgo, e von Allförden, na planície do rio Elba — sem jamais terem pertencido à nobreza. Este 'von' dos camponeses e dos citadinos corresponde ao holandês 'van', que, sem o complemento 'Jonkheer', não indica se tratar de um nome nobre. O catálogo de patentes do Exército Real Prussiano levou esse fato em consideração ao grafar por extenso o 'von' não nobre como parte integrante do nome, enquanto abreviou o predicado de nobreza como 'v.'".

A propósito de partes do nome: quando a nobreza foi abolida na Alemanha, em 1919, a Constituição declarou todos os predicados e títulos de nobreza como partes integrantes do nome, enquanto na Áustria e na Tchecoslováquia o uso de títulos de nobreza foi proibido. O diretor de minha escola em Potsdam, o senhor Wilmsen, um homem tolerante, mas ao mesmo tempo extremamente meticuloso, devolveu-me o currículo que em 1929 tive que escrever para o exame final do ensino secundário com o comentário de que o certo era: "Eu, Marion Graf Dönhoff", pois o título *Graf*, conde, era parte do nome. Eu nunca tinha ouvido nada a esse respeito, escrevi o currículo mais uma vez e mal podia esperar para ver como achariam isso divertido lá em casa.

Por fim, a questão das diferentes coroas — trata-se do seguinte: os príncipes e todos os que pertenciam à alta nobreza usavam a coroa fechada; a baixa nobreza distinguia suas diferentes categorias com um número diferenciado de pontas. Os condes tinham coroas de nove pontas, os barões de sete, a nobreza tradicional enfeitava a sua coroa com louros, em vez de pontas, e a nobreza de título tinha que se contentar com cinco pontas.

É interessante notar um fato para o qual apontam os estudiosos da língua. No norte da Europa, a palavra *höflich*[2] é derivada de *hofisch*[3]. Assim ocorre tanto nas línguas dinamarquesa, sueca e holandesa como no alemão, enquanto no francês, ao lado de *courtois*[4], emprega-se também *poli* e *civil*, e o mesmo se dá no italiano, onde ao lado de *cortese* existe também o adjetivo *civile*.

Uma prova de que o respeito aos cidadãos provém dos países românicos — da França, de Florença e de Milão.

---

[2] Cortês, bem-educado. [N. T.]

[3] Pertencente à corte, *Hof.* [N. T.]

[4] Cortês. [N. T.]

Representação suntuosa — cotidiano parcimonioso

Muitas das misturas difíceis de definir e que eram tão típicas do leste devem-se, penso eu, à sua história peculiar, que produziu tradições e costumes diferentes dos que são característicos das outras partes da Alemanha. Mesmo dentro da mesma classe social — e isto é que é notável — a forma de vida não era igual. Notável porque no fundo não existe apenas a Internacional dos trabalhadores, mas também a dos intelectuais e a da aristocracia. Existem tantas semelhanças no interior dessas categorias, que mesmo em países estrangeiros na maior parte das vezes cada um pode reconhecer facilmente seus pares.

Como expus quando descrevi o processo de surgimento da grande empresa agrícola, no leste o proprietário explorava a terra, sendo, portanto, uma espécie de empresário, enquanto no oeste as grandes propriedades eram arrendadas a pequenos agricultores; o proprietário limitava-se a receber a renda, e de resto dedicava-se ao cultivo das tradições cavaleirescas. A ciência designa esses diferentes modelos como "domínio do proprietário ou senhor feudal" (oeste) e "domínio do bem agrícola" (leste).

Assim, não surpreende que a relação do senhorio com os súditos em dois modelos tão distintos também seja completamente diferente: no leste, ela era mais paternalista ou, se assim se quiser, mais servil, mas também mais estreita e afetiva do que no oeste. Ambas as partes dependiam mais intensamente uma da outra; além disso, os indivíduos das duas classes conheciam-se muito bem dentro de cada geração, o que resultava numa estranha mistura de distanciamento institucional e familiaridade.

Hoje, quando penso a respeito, também me parece estranho o tipo de "cultura do morar", como se diria atualmente. Também nessa relação a característica era uma espécie de mistura entre um aparato suntuoso para a recepção de convidados e uma forma de vida espartana no cotidiano. Isso fica claro quando evoco a lembrança dos aposentos do castelo destinados aos hóspedes e os comparo com os nossos quartos de dormir.

A sala do jardim com a seqüência de salas que davam para o norte. No final, o escritório de meu pai.

Quero percorrer mais uma vez a seqüência das salas voltadas para o parque, que se estendia ao longo de todo o edifício, agora já da forma como elas se encontravam em nossa despedida. O último quarto da face sul foi o que mais se transformou durante minha vida. Originalmente, este havia sido o quarto de dormir de meus pais, mas depois que a febre de restauração de meu irmão mais velho sobrepujou a preocupação com os gastos, ele mandou buscar o perito restaurador dos castelos prussianos em Berlim. Em primeiro lugar, foram removidas as camadas de tinta mais recentes das paredes de madeira, fazendo surgir assim afrescos admiráveis, perfeitamente conservados.

Essas pinturas mostravam um grupo de homens que,

A sala do jardim — o coração da casa
— com as salas que davam para o sul.

reunidos em volta de uma mesa, pareciam se divertir muito. As cadeiras em que estavam sentados possuíam uma estranha forma e estavam pintadas de verde. Quando essa cena ficou claramente visível pela primeira vez, Fritz, o criado que sabia de tudo, exclamou: "Mas essas cadeiras estão lá em cima no sótão". As cadeiras foram trazidas e de fato eram exatamente aquelas.

Logo depois veio a segunda surpresa. Numa visita ao castelo, o professor Arnold Hildebrandt, diretor do Museu Hohenzoller em Berlim, observou: "Estas cadeiras são reproduções das cadeiras da Confraria Tabagista de Frederico Guilherme I", e acrescentou: "Provavelmente, toda essa encenação foi concebida em homenagem ao rei, talvez por ocasião de uma visita sua". Decidimos transformar aquele aposento com seu singular cenário numa "pequena sala de almoço", e durante os últimos anos ele serviu a esta finalidade.

A sala contígua era o gabinete cuja tapeçaria minha mãe bordara por volta de 1900 no estilo *art nouveau* e que, por sua vez, dava para a chamada "sala vermelha", que possuía um acesso por uma escada que partia do andar inferior e por isso era utilizada pelas pessoas que tinham algum pedido ou queixa a apresentar. Depois vinha o "salão verde", cujas paredes eram adornadas por gobelinos confeccionados sob encomenda em Flandres no começo do século XVIII, e depois a já mencionada sala do jardim com suas paredes decoradas com estuque.

Ao lado da sala do jardim, ficava a sala de jantar. Em minha infância, as paredes dessa sala eram cobertas de cima a baixo com quadros de pintores holandeses do século XVIII e XIX. As molduras pretas encostavam umas nas outras e, como nos próprios quadros predominavam tons escuros, o conjunto, ao lado da tão clara sala do jardim, produzia um efeito bastante sombrio. Quando as camadas de cor marrom foram removidas das paredes, veio à luz a pintura original de um maravilhoso dragão chinês. A mulher do professor Hildebrandt, uma Cranach de nascimento, era uma pintora que fazia jus ao seu nome; assim, foi comprada uma peça de seda amarela sobre a qual ela pintou símbolos chineses — e desta maneira surgiu uma sala alegre e extremamente original.

Depois se seguiam outras três salas, uma das quais também com paredes revestidas por gobelinos flamengos, e a última era o escritório de meu pai, no qual eu o vi sentado tantas vezes na minha infância. Originalmente essa sala se chamava "sala de audiências", uma denominação que provinha do tempo em que meus antepassados exerciam funções jurisdicionais perante seus súditos. A sala de audiências tinha uma entrada externa própria que era usada pelas pessoas que desejavam consultar o conselheiro jurídico trazido de Königsberg para essa finalidade. Ali eram negociados os conflitos entre camponeses, questões de herança, delitos contra a propriedade etc. Posteriormente, no tempo de meu irmão, essa parte do castelo foi separada da construção como residência independente para o inspetor florestal.

As crianças eram acomodadas em pequenos quartos muito simples, que deviam sua origem ao fato de que, em algum momento, alguém tivera a idéia de construir um mezanino no andar superior. Como as salas de recepção possuíam 7 metros de altura, não foi difícil conseguir alguns quartos adicionais dessa maneira. Meus irmãos possuíam cada um o seu cubículo lá em cima, por assim dizer, debaixo do telhado. As janelas possuíam apenas a metade da altura e ao mesmo tempo — justamente por causa do mezanino — encostavam no assoalho. Minhas irmãs também possuíam quartos individuais. Elas eram privilegiadas na medida em que esses quartos ficavam no andar inferior, sendo, por isso, significativamente mais claros.

Todos eles eram mobiliados da mesma forma espartana, apenas com o estritamente necessário: cama, armário, um lavatório com jarra e bacia, sem qualquer sistema de água corrente. Havia um único objeto que eu invejava muito e não me cansava de admirar nos quartos de minhas irmãs mais velhas, pois me parecia uma obra de arte muito preciosa: um coelhinho de porcelana branca de olhos vermelhos e orelhas pontudas com um relógio incrustado.

As instalações sanitárias deixavam muito a desejar. Em cada andar, disfarçado de armário, havia o local que nas casas modernas normalmente é bastante bem cuidado e de aparência convidativa. Na minha infância, apenas para os meus pais havia um quarto de banhos adicionado mais tarde. Nos quartos de hóspedes, que eram muito grandes e suntuosos, era colocado à noite o chamado *tub*. Era uma estrutura redonda, de cerca de um metro e vinte de diâmetro, com uma borda de 2 palmos de altura e com um bico num determinado ponto através do qual se podia acrescentar água. Ao lado, ficavam duas grandes jarras, que se pareciam um pouco com regadores, com água quente e uma cadeira sobre a qual ficava estendida uma toalha do tamanho de um lençol.

Não sei se todo esse contraste entre recepções luxuosas e privação pessoal era encenado conscientemente ou se, como me parece, simplesmente acontecia. Acredito que ele correspondia aos sentimentos dos moradores perante a vida — também é possível que houvesse um certo sentimento de culpa. Talvez o desejo de compensar os privilégios, necessários para corresponder adequadamente ao esplendor da casa real, com um estilo de vida frugal do proprietário e de sua família — o que, de resto, também se expressava nos hábitos alimentares. Apenas comíamos bem quando havia visitas ou hóspedes. O vinho era somente para o meu pai; nós, as crianças, bebíamos água que todos os dias era levada numa grande cuba de alumínio puxada por um cavalo para ser fervida na cozinha. No inverno, a água vinha de um poço no pátio, no verão — como concessão à higiene —, de um poço na antiga aldeia, onde a água era supostamente mais limpa. Mais translúcida ela era de fato, mas nos dias quentes tinha um cheiro tão ruim que para bebê-la tínhamos que prender a respiração; tapar o nariz era proibido e teríamos sido repreendidos por isso na mesma hora.

Se ainda hoje quando me perguntam sobre minha pátria respondo sem refletir "Prússia Oriental" e não Hamburgo, onde vivo há mais de 40 anos e onde gosto de viver, existe sobretudo um motivo: eu sinto falta da paisagem, da natureza, dos animais daquele mundo desaparecido. E também dos sons, dos milhares de sons que ficaram gravados para sempre em minha memória. Quantos ruídos diferentes não ouvíamos quando nos sentávamos nas grandes pedras diante da casa ao pôr-do-sol! Ainda escuto o som sibilante dos andorinhões voando em volta do castelo numa velocidade incrível; logo a seguir os morcegos executavam sua dança de ziguezague, e um pouco depois ouvíamos soar na noite o chamado das corujas. Muitas vezes, íamos já bem tarde para o açude, onde centenas de sapos promoviam um concerto fantástico — tão alto que tínhamos que levantar a voz para nos fazermos entender quando conversávamos.

Em Hamburgo, perto do lago Blank, há uma paisagem quase prussiana, e por isso gosto tanto de viver nessa região, mas nunca consegui ver um sapo nos campos. Algumas vezes chega o verão sem que eu tenha visto a primeira borboleta. E à noite eu escuto o barulho de automóveis passando ou o bater de suas portas quando alguém entra ou sai de dentro deles. É um mundo pobre.

Sem dúvida, tendemos a idealizar a infância e não é fácil saber por que — provavelmente para a maioria das pessoas — ela foi tão especial. Para mim, a vida em comunidade com meus irmãos contribui muito para isso. Uma convivência tão intensa é sem dúvida rara. Nosso ideal — formulado em tom de brincadeira, mas de alguma maneira levado a sério — era: quando ficarmos velhos, largamos nossos maridos e mulheres e vamos todos morar juntos novamente.

Quando um dos grandes, que na verdade já eram adultos, fazia uma viagem, todos corriam para Friedrichstein no seu regresso, e o viajante tinha que relatar: "Então você foi até a estação e... conte!". As minhas preferidas eram as histórias de meu irmão mais velho, que viveu os dourados anos vinte em Berlim. Quando ele contava dos grandes espetáculos de Max Reinhardt, das encenações, dramáticas ou poéticas, sempre sutis, eu escutava encantada e tinha a sensação de ter eu mesma vivido tudo aquilo; sim, na verdade era quase mais belo do que se tivesse estado lá.

O fim da existência despreocupada

Um dia, o trio que eu formava com os dois Lehndorffs, para nossa grande tristeza e por motivos para nós incompreensíveis, teve um fim repentino. Heini foi para o internato em Roßleben, Sissi para um pensionato perto de Montreux e, para que eu não ficasse totalmente sozinha, foi feito um arranjo para que dali em diante eu tivesse aulas junto com uma prima Kanitz. Mas um trágico acidente impediu que esse plano fosse levado adiante. Fazia só alguns meses que minha prima estava em Friedrichstein, quando no outono — era o início do mês de setembro —, saímos para um passeio em Cranz, no mar Báltico, do qual ela não voltou mais com vida.

Estávamos em dois automóveis. No primeiro, que meu irmão mais velho dirigia, estavam os adultos, o segundo ia, por assim dizer, no seu encalço, pois o chofer estrangeiro não conhecia a região. Havia sido um dia divertido, tínhamos ficado lá bastante tempo, e já estava anoitecendo quando decidimos voltar para casa. Em Königsberg caiu uma trovoada, e a chuva atrapalhava a visão. Nós, as crianças — minha prima, um menino austríaco da família Coudenhove, dois jovens suíços de nome Lindemann e eu —, cantávamos e tagarelávamos no carro, quando de repente o motorista soltou um grito terrível. No mesmo instante, o automóvel caiu, eu pensei, numa vala, mas então uma gigantesca massa imensa de água irrompeu sobre nós: o Pregel, de repente me dei conta.

Não era um automóvel totalmente fechado, com a chamada capota americana, de lona. Dentro do carro, foi uma violenta reviravolta. O motorista, conforme contou mais tarde, foi arremessado para trás, tudo girava num redemoinho. Então houve um solavanco: o automóvel batera contra o leito do rio, num ponto desassoreado a 10 metros de profundidade. Eu já estava totalmente sem ar e engolia água sem parar.

É incrível a rapidez com que os pensamentos se precipitam no medo na morte. Que tolas são as pessoas que dizem que o afogamento é uma morte rápida, tive que pensar; meu Deus, como isso demora. Eu imaginava como seria triste para os de casa cinco crianças sendo veladas, lado a lado, na sala do jardim. De repente, foi como se um último raio me sacudisse: sim, havia uma abertura entre a carroceria e a capota: eu tateei, procurei, me enfiei pela abertura e fui lançada para cima. Demorou uma eternidade.

Finalmente lá em cima, vi os faróis de um automóvel iluminando o cais e escutei chamarem meu nome. Sem esse chamado de meu irmão, eu teria afundado de novo na mesma hora, pois já havia usado todas as minhas forças e estava completamente tomada pela vertigem. Mas então me recompus e remei como um cachorrinho até o muro do cais, onde pendiam casacos compridos amarrados uns aos outros. Precisei fazer mais um último esforço para me agarrar aos casacos, enquanto os que estavam lá em cima me puxavam pelos 3 metros do muro até a estrada. Fui a última a sair com vida — depois de cerca de 5 minutos, conforme contou meu irmão. Os dois mais fracos, Huberta

Kanitz e Franz Coudenhove, de 12 anos, só puderam ser resgatados horas depois, mortos. O motorista e os dois Lindemanns, alguns anos mais velhos, já haviam sido retirados da água quando emergi.

Os pobres ocupantes do primeiro automóvel certamente não passaram por um medo menor. O relato de meu irmão dizia:

> "No ponto em que a estrada vira num ângulo reto, porque em frente está o Pregel, de repente notei que o automóvel com as crianças, que até o instante anterior vinha atrás de mim, não estava mais lá. Só podia ter acontecido alguma coisa terrível. Manobrei rapidamente, voltei e parei o carro no cais, que, como só então notei, não estava delimitado nem por uma corrente nem por uma passagem de nível. Do outro lado do rio, havia uma lâmpada, que certamente confundira o motorista estrangeiro. Quando os faróis iluminaram a superfície do rio, vi anéis se formando na água e ficando cada vez maiores. Então emergiu um chapéu, dali a pouco uma pessoa e logo depois mais duas. E então, por um longo tempo, mais ninguém."

No dia seguinte, não havia seis, mas dois caixões na clara sala do jardim, o coração da casa não apenas no sentido arquitetônico, mas também histórico e emocional. Ali todos foram velados em despedida, minha irmã Christa, minha mãe, meu pai, o pai dele, e todos até a mais remota geração; menos o último proprietário de Friedrichstein — ele jaz em terras estrangeiras no leste. Também todos os casamentos foram celebrados ali, todos os batismos e minha crisma.

A tragédia em Königsberg foi evidentemente um corte terrível em minha até então bastante despreocupada existência. Os adultos temiam que ela representasse um choque insuperável para mim, e, como os adultos costumam fazer, para me compensar, sem perceber me proporcionaram um novo choque. Fui enviada para um pensionato em Berlim, um daqueles pensionatos para moças onde havia regras para tudo e nada era permitido. Não havia sequer um pedagogo que supervisionasse a coisa, dali íamos para uma escola localizada nas cercanias.

Todos os dias tínhamos que marchar duas a duas numa longa fila pelas ruas de Berlim — apenas rezando para que nenhum conhecido nos visse naquele cortejo ridículo. A única coisa positiva que levei comigo dos dois anos passados lá foi um veemente interesse por problemas intelectuais. De forma alguma despertado pela escola, mas sim por uma sobrinha da diretora da pensão que por acaso morava lá. Ela se chamava Ursula von Kranold — nunca voltei a vê-la, nem mesmo sei se escrevi corretamente o nome dela aqui.

Ela havia feito um seminário sobre Hermann Keyserling, cujo manuscrito, a meu pedido, me emprestou para ler. Eu fiquei simplesmente fascinada e tomada de espanto pelo fato de que uma pessoa "como você e eu" pudesse descobrir e formular aquelas idéias. Eu também queria fazer aquilo um dia. Eu já havia lido muito, mas somente literatura — nunca havia me deparado com a filosofia.

Sem contar essa importante experiência, a vida na pensão foi realmente uma antítese da minha vida tão livre até então. Eu me rebelava em todas as oportunidades, incitava as outras garotas, mas infelizmente fui incluída no grupo das mais velhas do pensionato, embora fosse das mais novas. Isso significava que eu era co-responsável por uma instituição que eu repudiava profundamente. Uma certa satisfação, porém, eu tive posteriormente, quando soube que a senhora von Lindeiner, a dona da pensão, fechou a instituição depois do último ano que passei lá; eu me lisonjeava com a idéia de que isso pudesse ter alguma relação com nossa rebeldia.

A escola foi um capítulo à parte. Para mim, ela foi uma espécie de superinstituição penal, pois até então eu não recebera nenhuma educação escolar sistemática. A sucessão casual de pseudoprofessores — com certeza, foram mais de uma dúzia — não havia criado qualquer base razoável. O exame de admissão foi, portanto, uma catástrofe do começo ao fim. Na redação em língua alemã, confundi o Grande Príncipe Eleitor com Frederico, o Grande; no ditado em francês, cometi 33 erros e, das cinco questões de matemática, quatro nem sequer entendi e a quinta, que eu sabia do que tratava, não consegui responder. Das outras disciplinas não me lembro mais, mas com certeza não me saí melhor.

Resultado: os professores não podiam acreditar que alguém pudesse ser tão cru em todos os conhecimentos básicos e não viam outra explicação: "A menina deve estar em estado de choque". Com esse critério, fui colocada na classe almejada a título de experiência e, com a ajuda de aulas particulares e um grande esforço, pude permanecer no primeiro ano do secundário.

As três últimas séries eu cursei em Potsdam; lá eu era uma pessoa livre, morava com uma família conhecida e freqüentava uma escola de rapazes em que eu era a única menina da classe. Portanto, logo entrei em contato com as vicissitudes da vida e aprendi a me adaptar às circunstâncias. Uma boa pré-escola para o que iria me acontecer lá fora no mundo maior.

A alameda de tílias de Friedrichstein sob neve profunda.

Cavalgada pela Masúria

Diário escrito para meu
irmão Dietrich em 1941

27 de setembro de 1941

Depois de semanas de chuva, o primeiro dia de outono verdadeiramente luminoso! Sissi e eu nos encontramos de manhã em Allenstein, na rampa de carga e descarga da estação de mercadorias. Soldados, pessoas em férias, transporte militar — uma cena contemporânea. Selamos os cavalos ainda dentro do vagão, pois eles estão tão agitados que, uma vez livres de sua prisão, não conseguirão ficar parados nem mais um instante. Fazemos rolos tão finos quanto possível com nossos casacos, que afivelamos na parte de trás das selas, prendemos os alforjes. Então, relinchando e arfando muito, os dois cavalos saem do vagão.

Temos que atravessar toda Allenstein para pegar a estrada para Lanskerofen via Jommendorf e Reußen, uma excitante operação, pois, a cada vez que passa um bonde ou um caminhão, um dos cavalos dá um salto e se posta atravessado na rua. Finalmente fora dos limites da insólita cidade, rumamos para o sul, no início ainda por uma estrada de alcatrão ladeada por sorveiras carregadas de bagos vermelhos que refulgem alegres e altivos contra o céu profundamente azul. Mas já antes de Reußen abandonamos essa estrada "artificial" por vários dias, durante os quais apenas a cruzamos algumas vezes com desprezo.

Em Reußen subimos, por entre velhas casas de madeira, uma encosta íngreme e arenosa e então avistamos, resplandecente em todas as cores, o imenso complexo de distritos florestais do sul da Prússia Oriental, no qual agora vamos mergulhar. À esquerda, um lago azul margeado por abetos negros, à direita, algumas fogueiras de ramas de batateiras — colunas de fumaça subindo ao céu como numa oferenda sagrada — e, em frente, uma bétula em toda a plenitude de sua beleza outonal.

Essas imagens: o cair das folhas, a vastidão azul, o brilho do sol outonal sobre os campos ceifados, talvez seja esta a verdadeira vida. Essas imagens proporcionam muito mais realidade do que todo o fazer e agir — não é o que acontece, mas o que vemos que nos conforma e nos transforma.

Uma típica tarde de verão na Prússia Oriental.

Estou cheia de expectativas. O quanto ainda não veremos nesses dias de maturação e acabamento? Eu não sei se você às vezes também tem essa sensação de estar muito perto de alguma coisa, de estar separado dela apenas por um tênue véu — do que exatamente? Do conhecimento? Da verdade? Da vida? Eu não sei, mas eu pressinto e espero por isso com a certeza que tem somente quem espera por um milagre.

É indescritivelmente belo trotar sobre este solo arenoso, as folhas farfalham sob os cascos dos cavalos, as faias e os carvalhos se alternam à beira do caminho, entremeados aqui e ali por uma tília ou pelo caule vermelho de um pi-

O lago Worien, cujos direitos de pesca pertenciam à Friedrichstein.

nheiro. Na represa de Üstritz, entre os lagos Lansker e Üstritz, encontramos um lenhador que nos mostra o caminho para o posto florestal de Lanskerofen. A casa fica num ponto isolado, surpreendentemente belo, na margem oeste do lago Lansker. A construção é bastante recente. Enxaimel: branco com vigas pretas e um telhado de colmo inclinado até bem embaixo. A casa propriamente dita é contígua ao estábulo, e o conjunto, em forma de ferradura, contorna um pátio voltado para o lago, com um poço no meio. É tudo muito jeitoso, típico estilo campestre alemão, talvez um pouco intencional demais.

Damos de beber aos cavalos e o simpático inspetor florestal, que acaba de chegar da frente oriental para oito dias de licença, nos convida para almoçar e sugere algumas paisagens interessantes para a viagem. Incentivadas por ele, acabamos por nos decidir pelo itinerário oriental, ainda mais que ele avisou seu colega em Hartwigswalde de nossa chegada para esta noite.

Esta é a parte do distrito de Neidenburg situada mais ao norte — estamos em plena Masúria, provavelmente na parte mais pobre da Masúria. Depois de Dembenofen, em direção a Ortelsburg, o solo fica cada vez mais fofo, urzes e areia, aqui e ali um pinheiro retorcido, e a sucessão infinita de suaves colinas cobertas pela relva cinzenta da estepe. Há aqui nesses campos um tom quase asiático — aliás, em nosso mapa, uma dessas largas estradas, por um bom trecho da qual viemos galopando, aparece com o nome de Estrada dos Tártaros.

Não é fácil achar o caminho nessa região, estradas construídas sem planejamento e utilizadas sem regularidade cruzam-se ao sabor do acaso e não coincidem com o nosso mapa. Ninguém segue a trilha de seu predecessor, cada um deixa ao lado o seu próprio rastro, e como "ao lado" a vegetação também é escassa, o sistema nunca encontra um limite. Finalmente, já no escuro, chegamos a uma estrada permanente e logo depois encontramos o posto florestal de Hartwigswalde, onde devemos pernoitar.

O inspetor florestal e sua mulher são extremamente hospitaleiros. Os dois são da região ocidental da Alemanha e se referem com um certo menosprezo à população local, sobretudo porque, dizem, essa gente não tem anseios nem ambições. É difícil fazê-los trabalhar, pois eles não têm nenhum desejo de ganhar dinheiro, fazem apenas o necessário para ter com que viver, nada mais. É muito raro que um de seus filhos aprenda um ofício ou saia de casa para progredir e ganhar mais — uma característica que eu acho extremamente simpática. Não admira que roubem como aves de rapina e briguem o tempo todo entre si, quando sabemos os parcos frutos que colhem das suas lavouras: o centeio — outra coisa não se planta por aqui — dá em média de 4 a 6 quintais por jeira, a batata de 40 a 50 quintais. As vacas, que não passam do tamanho de um dos nossos vitelos de um ano, alimentam-se miseravelmente do pasto da estepe e com certeza não dão mais do que 3 ou 4 litros de leite por dia.

28 de setembro de 1941

O céu está novamente azul, mas hoje tudo amanheceu coberto pela geada. À noite fez 4 graus negativos. Nossos cavalos parecem um pouco amuados porque não gostam da forragem mista, sintética — aqui na região não há aveia —, circunstância que nos causa alguma preocupação. O inspetor florestal nos acompanha, montado num robusto cavalo preto, por um trecho dentro de seu distrito: quase todo um povoamento florestal de densidade moderada, mas uma paisagem muito bonita — a taxa de aproveitamento é de menos de 3 metros cúbicos de madeira por hectare, enquanto em Quittainen contamos com 5,4 metros cúbicos.

A quietude do domingo domina o campo e as duas pequenas aldeias pelas quais passamos. Depois de Schuttschenofen, nosso acompanhante se despede já nos limites do próximo distrito florestal, uma grande área que se estende quase sem interrupção por 80 ou 90 quilômetros a leste, até Johannisburg. Eu sinto uma grande ternura por essa terra pobre e sua gente de pés descalços. Aliás, é curioso como os costumes dessas populações orientais, do mar Báltico até o mar Negro, são os mesmos em todos os lugares. Da Lituânia até os Bálcãs, vê-se por toda a parte a mesma cena: homens maduros que dia após dia não fazem outra coisa senão vaguear pela região com sua vaquinha magra, abrigando-a em algum lugar na floresta ou à beira da estrada.

O inspetor florestal, a quem contei que, na Eslováquia e nos Cárpatos, muitas vezes eu vira camponeses andarem durante horas até o mercado com um galo ou um pedaço de queijo debaixo do braço, disse que aqui não é muito diferente — no ano passado, ele encomendou 40 quintais de batatas a um camponês, mas nunca recebeu a encomenda; ao ser questionado sobre isso, o homem apenas respondeu: "Se eu vender tudo de uma só vez, depois o que é que vou levar ao mercado?".

Andamos um trecho a pé para poupar os cavalos, em

direção ao lago Paterschoben, mais ou menos a nosso belprazer, pois por ora nosso mapa nos deixou na mão. Quando saímos da floresta, depois de cerca de uma hora, vimos diante de nós o lago como uma pintura persa em miniatura: ao fundo, o céu turquesa sobre a água azul-escura e, na frente, um campo amarelo com reflexos avermelhados. É uma sensação sublime a de cavalgar dessa maneira pelo campo no outono, nos sentimos leves e aladas, longe de todas as limitações do nosso lugar e das preocupações cotidianas. Infinitamente distante também está a preocupação com o que vai acontecer, que normalmente nos acompanha a cada passo. Agora, o sol e o vento, o tropel dos cavalos sobre as trilhas arenosas da floresta e o cheiro das folhas que caem e das ramas das batateiras são o nosso mundo e nós uma parte dele.

Até o posto florestal de Reußwalde, onde pretendemos alimentar os cavalos, temos ainda 10 quilômetros, que percorremos mais ou menos num trote leve. O alazão de Sissi anda com movimentos maravilhosamente compassados; liberto da ação da gravidade, ele flutua sobre o chão, enquanto o meu desajeitado animal, duas cabeças mais alto do que eu na linha do dorso, tropeça em todas as pedras do caminho, às vezes até em suas próprias patas.

Agora estamos novamente numa zona mais fértil, a floresta também é mais variada e exuberante. Nosso mapa nos conduziu corretamente pelas trilhas até o posto florestal, que surge à nossa frente, no final de uma ensolarada alameda de castanheiras. Como grandes mãos, as folhas estão caídas no caminho de cascalho entre as fileiras de árvores.

O inspetor florestal, um solteirão de meia-idade, nos recebe e alimenta os cavalos da melhor maneira possível e depois nos escolta por um trecho do caminho. Fumando um enorme charuto, ele vai à nossa frente no "carro de caça amarelo", ladeado por duas bondosas senhoras de seu círculo de parentes de Hamburgo, suas hóspedes, e segue, envolvido por uma nuvem de poeira, num ritmo tão acelerado que quase não conseguimos acompanhá-lo. Nos limites de sua área, ele se despede e nos recomenda "tia Hedwig" no posto florestal vizinho como alojamento para o pernoite.

Novamente infindáveis caminhos de areia, floresta, batatais, campos de trigo e novamente floresta. Aqui e ali, uma aldeia ou alguns casebres à beira da estrada. À tarde, tocam sinos em algum lugar do caminho. Uma carroça levando uma criança para ser batizada, acompanhada por muitos padrinhos, arrasta-se custosamente pela areia. Depois encontramos o pároco na cidadezinha, um homenzinho franzino de sobrecasaca, a mochila com a batina nas costas.

Pouco antes do pôr-do-sol, chegamos ao posto florestal de Friedrischsfelde. Como além da tia Hedwig, ela mesma uma hóspede, todos os responsáveis estão ausentes, tratamos primeiro com o cocheiro, que acomoda nossos cavalos com boa vontade e os provê de uma quantidade desmedida de aveia. Depois procuro tia Hedwig para lhe pedir permissão para passar a noite no palheiro. Aliás, não sem um certo receio, pois ela nos foi descrita como uma pessoa ranzinza e não muito tratável. Para meu espanto, ela não estava nem um pouco surpresa, ao contrário, parecia achar perfeitamente natural o fato de duas senhoras desacompanhadas chegarem a cavalo no meio da noite naquela desolada região. Ela respondeu de imediato que estava muito frio para dormir no depósito, era melhor que entrássemos.

Então pegamos os nossos alforjes e fomos instaladas na lavanderia em dois colchões em cima de estrados, onde, aquecidas por nossos casacos, dormimos magnificamente.

A casa fica bastante isolada, na orla de um extenso prado cercado pela mata. A lua cheia está alta e seus raios batem sobre a névoa ascendente formando uma ponte de luz através da qual nossos pensamentos se transportam para o leste. É estranho pensar que a mesma luz que ilumina a quietude e a solidão dessas florestas incide tabém sobre os sangrentos campos de batalha da Rússia.

Enquanto isso, tia Hedwig havia preparado batatas e nos recebeu com um reconfortante chá quente na volta de nosso passeio noturno. E como, pelo jeito, gostou de nós, ela começou a contar sobre sua juventude. De Sylt, sua terra natal, de seu avô, que lá viveu na década de 1830, e de outros parentes que eram marinheiros, e de seu vizinho Numme, que se referia depreciativamente ao presidente da província e ao procurador do Reino, de Berlim — "eram todos garotos de recados", ele costumava dizer. "Sim, em Sylt, eram quase todos capitães", disse tia Hedwig, orgulhosa, "eles conheciam o mundo e todos os mares. Eles tinham cultura e eram homens distintos e instruídos, até que vieram os banhistas, então tudo acabou, agora Sylt é uma espécie de Nova América".

29 de setembro de 1941

Quando partimos, está tudo novamente coberto pela geada e, mais uma vez, o sol nasce radiante no céu límpido. Só por volta das 10 horas é que começa a esquentar. Temos à nossa frente os gigantescos distritos florestais de Friedrichsfelde, Puppen e Johannisburg, que atravessamos do oeste para o leste, ora cavalgando por trilhas cobertas de relva, ora por discretas estradinhas de areia. São cerca de 40 quilômetros, que percorremos dessa maneira até Rudzanny.

Logo depois do posto florestal atravessamos a Capacisca, uma extensa campina pantanosa que se estende por muitos quilômetros até a Polônia. Em sua orla, há algumas jovens bétulas banhadas pelo sol da manhã, um pouco mais adiante, à beira do caminho, uma pequena propriedade silvícola, e depois durante muitas horas não vemos mais casas nem pessoas, apenas floresta e mais floresta. Quando em algum ponto se eleva uma colina, subimos e contemplamos do alto a vasta planície verdejante entretecida com

Pescadores no lago Mauer verificam a pesca.

o dourado das bétulas e o vermelho dos carvalhos. De vez em quando, uma ave de rapina voa em círculos na abóbada azulada, alguns pombos batem em revoada.

Por volta do meio-dia, chegamos a Kurwien, às margens do lago Nieder, e agora seguimos para o norte, rumo à região dos lagos propriamente dita. Primeiro passamos por Kreuzofen e Rudzanny. Os povoados aqui têm o aspecto de típicas aldeias de pescadores e lembram muito a restinga de Kurische. O lago é bonito, mas perto de Rudzanny a região começa a ficar terrivelmente movimentada, uma larga e dura estrada de cascalho, postes telefônicos e, por fim, até mesmo uma estrada de asfalto. Apesar de nossa altivez anticivilizatória, a idéia de um almoço quente é mais forte do que todos os preconceitos e entramos no balneá-

As redes são recolhidas.

rio Niedersee, deixamos os cavalos pastando no gramado e almoçamos um delicioso escalope de vitela, sentadas ao sol, numa mesa com vista para o amplo e azul lago Nieder.

Estamos um pouco preocupadas com o que vai acontecer no resto do dia. É que decidimos contornar o lago Beldahn pela margem leste, pois este nos parece o caminho mais atraente, e isso significa que no final do lago teremos que tomar uma balsa para chegar a Nikolaiken. Parece mais do que duvidoso que esse meio de transporte agrade aos nossos bastante difíceis animais. O lago tem cerca de 15 quilômetros e, se não conseguirmos fazer os cavalos embarcarem, isso significará um desvio de 30 quilômetros, pois não há nenhuma hospedagem no caminho. Mas mesmo assim... Um dia como este jamais volta, e o lago é tão belo que não queremos nos separar dele.

Assim como às vezes acordamos de um estado onírico entre o sono e a vigília com sensação de ter descoberto em que consiste o conteúdo da vida ou a essência das coisas, tenho a impressão de que este lago poderia revelar o mistério de todos os lagos. Como se tivesse saído de uma antiga lenda, ele avulta em meio à solene escuridão dos abetos que o rodeiam, infinitamente acima da pequenez da existência humana e do curso da história, acima também da conformação transitória da paisagem que se espelha em sua face. Ninguém ainda conseguiu subjugá-lo, a ninguém ele jamais deu qualquer fruto. Ele basta a si mesmo como finalidade e conteúdo e persiste como imagem última e imutável da criação primordial num mundo cada vez mais desfigurado pelo utilitarismo humano. Eu compreendo muito bem que na filosofia chinesa e também na grega exista uma doutrina segundo a qual a água é a substância original de toda a matéria. O Criador somente teria conseguido lhe dar forma quando ordenou à água que se dividisse. Resultando também desse ato, o homem não é mais do que uma das criaturas.

Cavalgamos lentamente rumo ao norte sob o sol já arrefecido da tarde, alguns trechos sem caminho demarcado ou diretamente na água ou pela densa floresta que avança até a margem, muitas vezes escarpada. O sol colore os troncos dos pinheiros de um vermelho incandescente e empresta às folhas das faias brilhos de todos os matizes, do dourado cintilante até um tom escuro acobreado. Lá embaixo está o lago azul envolto por uma pequena faixa de juncos amarelos reluzentes. Meu Deus, como é — como poderia ser — belo este mundo...

Finalmente chegamos ao fim dessa longa língua de terra e estamos diante da balsa que chega a nos infundir medo e pavor. Ela é tão pequena que mal comportaria uma carroça e, com uma cerca baixa em volta, lembra um "chiqueirinho" flutuante. É terrível a perspectiva de que, se tivermos a sorte de conseguir pisar no estrepitante chão de tábuas, começarão os estouros intermitentes do motor. O rapazinho que manipula esse engenho infernal não se importa nem um pouco com as nossas preocupações, apenas sorri. Suplicamos que tente não fazer muito barulho ao ligar o motor, ele sorri de novo e se mantém impassível. Depois nos damos conta de que ele não entende alemão.

Bufando muito, à força de puxões, tapinhas e pancadas, finalmente os dois cavalos entram na balsa com um grande salto, que quase os faz cair dentro do lago pelo outro lado. Como medida preventiva, desafivelamos os alforjes, para que pelo menos alguma coisa fique seca. Enquanto isso, o rapaz levantou a âncora e, com a ajuda de uma longa vara, nos afasta da estável e segura margem à qual nos afeiçoamos tanto. Os olhos da minha égua quase saltam para fora de tanto medo e, como que enfeitiçada, ela os mantém fixos nas árvores que vão se afastando. Felizmente, esse fenômeno ultrapassa sua capacidade de compreensão. Enquanto isso, o alazão pula como uma pulga, ora para a direita ora para a esquerda, sem dar ouvidos aos murmúrios tranqüilizadores de Sissi. — Então, de repente, com um forte estampido, o motor de dois tempos começa a funcionar. Como uma máquina diabólica, estalando e sibilando, ele impulsiona a balsa num movimento sacolejante.

Todas essas impressões de uma vez, tudo isso é demais para os nossos sensíveis animais, eles entregam as armas e estão definitivamente vencidos. Trêmulos e vulneráveis como cordeiros recém-nascidos, eles estão ali, com as patas dianteiras rígidas e estendidas à frente e não ousam mais se mexer. Aliviadas, conseguimos alcançar novamente a margem escarpada, depois de o jovem ter nos cobrado um total de 85 centavos por essa temerária travessia, um cálculo sem qualquer correspondência com o desgaste interior.

O sol se pôs no transcorrer dessa demorada manobra e finalmente, ao atravessar a ponte para Nikolaiken, avistamos o lago e a cidadezinha sob a última luz do crepúsculo. Agora vai ser difícil encontrar um estábulo. Na praça do mercado, desmontamos dos cavalos, e Sissi vai procurar alojamento. Por um longo tempo, eu fico esperando sob as árvores que separam a praça da calçada. Do outro lado, vêem-se algumas lojas fracamente iluminadas. Alguns homens estão de pé conversando diante de um balcão. De algum lugar, me vem à lembrança uma cena em Avignon de uma praça à noite com ratos na sarjeta. Sabe Deus de onde vem essa associação, mas ela é muito interessante, e eu me deixo levar por ela ainda por mais um tempo com os sentidos semi-adormecidos.

Em reforço ao meu devaneio, de repente começa a soar uma canção francesa com a melodia da "Canção do Tou-reador" e, antes que eu consiga dar crédito aos meus ouvidos, vejo o cantor chegar pelo mercado tangendo duas cabeças de gado. Talvez este bravo homem aqui prisioneiro venha do Midi e esteja sonhando neste momento com um restaurante em Avignon, com pão branco e vinho tinto e com as touradas em Orange e tenha me contagiado. Já não posso mais lhe perguntar sobre seu destino, pois Sissi acaba de chegar com a fatídica notícia de que não há estábulo, ou melhor, que, por falta de feno, ração e outros apetrechos, ninguém quer nos receber.

Finalmente, alojamos os cavalos num estábulo escuro como breu, sem palha e sem equipamentos, que Sissi inicialmente havia descartado como impraticável. Quanto a nós, tocamos a campainha numa hospedaria onde havia um grande cartaz com os dizeres: "Fechado por motivo de doença". A dona da casa atende mal-humorada, mas está disposta a nos receber e, como aparentemente ela não tem nenhuma doença contagiosa, descarregamos nossos alforjes e saímos mais uma vez para procurar ração para os cavalos. Após diversas tentativas baldadas, nossa lanterna bruxuleante nos leva à periferia da cidade e à cozinha de um lavrador que está tomando sua sopa de leite com sua numerosa prole. Ele nos escuta sem fazer muitas perguntas e promete levar aveia e feno para os cavalos depois de terminar sua refeição.

De fato, o bom homem apareceu — depois que tínhamos comido, já frias, as batatas fritas que nossa anfitriã preparara — com uma grande lanterna de estábulo e dois meninos trazendo o feno e a tão desejada aveia. Caminhamos juntos pela acidentada praça do mercado até o estábulo. Ele está muito impressionado com os dois cavalos e, como toda a gente dessa região, não pára de se admirar com o tamanho de nossos animais. De qualquer forma, eles não podem ficar sem palha, ele observa, e manda os meninos de volta, enquanto desce conosco até o lago para buscar água.

A cidadezinha está totalmente deserta, não se ouve um ruído. Não há luz em lugar algum, ninguém nas ruas. "Sim, os homens se foram todos", diz nosso amigo, "apenas alguns de nós, lavradores, fomos liberados para o plantio do outono". Conversamos mais um pouco sobre a conjuntura, trocamos notícias sobre a colheita deste ano e depois nos despedimos. Não sei se nossa generosa recompensa ou a beleza dos nossos animais o fez voltar no dia seguinte antes de amanhecer para alimentá-los e escová-los. De qualquer forma, todo o trabalho já estava feito quando, às 6 horas, Sissi, vestida com seu agasalho esportivo, nosso habitual traje de dormir, deu uma corrida até o estábulo. Os cavalos estavam bem dispostos e pareciam plenamente satisfeitos com sua ração de aveia. E eles bem que mereceram, pois no dia anterior tínhamos viajado 10 horas.

30 de setembro de 1941

Soubemos que o doutor Schielke reside numa propriedade chamada Dommelhof, a apenas 4 quilômetros de Nikolaiken, e decidimos cavalgar até lá para tomar o café-da-manhã. A propósito, agora eu entendo por que o tamanho dos nossos cavalos chama tanto a atenção das pessoas do local. Quando saíamos da cidade, notei que, do alto do meu miradouro, eu podia olhar sem dificuldade para dentro das janelas dos sótãos das casas, sem dúvida diminutas.

Dommelhof foi uma idéia brilhante! Em primeiro lugar, o café-da-manhã está excelente e depois a localização é realmente singular — ainda não vi na Prússia Oriental nada tão encantador. A propriedade deve ter umas 600 jeiras e consiste numa língua de terra de 800 metros de largura que avança por 3 quilômetros sobre o lago Spirding. A sede da propriedade fica no meio, bem perto da água: edificações antigas muito bonitas, uma pequena casa, com uma frondosa tília na frente, e uma casa maior e mais nova infelizmente não tão bonita — mas isso fica totalmente esquecido perante a localização e a vista esplêndida. Mais uma vez, temos uma ampla visão do lago Beldahn, que aqui desemboca no Spirding. Diante do fundo azul da água, há um velho freixo gigantesco, ainda totalmente cheio de folhas, e depois começa um pequeno parque muito bem cuidado, que se estende ao longo da margem.

E dentro então! Autêntico estilo 1850-1870. Logo na entrada, uma saleta com vista para o jardim, com paredes revestidas por um papel azul-escuro de listras largas, portas e móveis brancos de verniz polido, cadeiras com encostos vazados em forma de forquilhas. Muitos retratos de antepassados em pastel, com molduras ovais, não muito grandes, distribuídos com bom gosto numa parede lateral; em frente, um grande vaso azul e branco e uma coleção de bibelôs sobre uma mesa com pernas levemente douradas. Na sala seguinte, há uma espécie de plataforma sobre a qual fica uma escrivaninha, à sombra de uma palmeira. Todo o conjunto é do mesmo verniz branco e se destaca magnifica-mente em meio às paredes escuras.

A paisagem é inesquecivelmente bela. Autêntica Ma-súria, como a que conhecemos dos nossos passeios de ca-noa: pouca floresta, muita água, caminhos arenosos numa paisagem de colinas infinitamente ampla, telhados verme-lhos sob um luminoso e límpido céu azul. Cavalgamos cer-ca de 2 horas pela margem, na verdade poderíamos dizer pela costa do Spirding. É um lago verdadeiramente impo-nente e tão azul que quase não dá para acreditar. O cami-nho serpenteia lentamente pelo campo, às vezes é uma es-tradinha vicinal, depois novamente um caminho estreito, e vez ou outra uma estrada de verdade que liga uma aldeia à outra e que, ora para o norte, ora para o sul, nos desvia de nossa direção propriamente dita.

Por toda a parte há gente colhendo batatas, e tudo o que já anda ou ainda pode andar está em movimento: crian-ças, mulheres, velhos. E prisioneiros. Chegamos a uma propriedade chamada Wensen, viramos para o norte e du-rante o resto do dia e boa parte do dia seguinte acompa-nhamos as posições russas da batalha masuriana do inver-no de 1915. Mesmo para o leigo fica evidente que este é o campo de batalha clássico: uma barreira lacustre natural de 30 a 40 quilômetros de extensão avança pela terra par-cialmente recoberta pela floresta cujo relevo oferece múl-tipla proteção. Em diversos pontos, ergue-se uma elevação dominante.

Na aldeia de Seehöhe, no início do lago Martinshagen, que tem cerca de 15 quilômetros de extensão e apenas 100 metros de largura, nosso mapa registra a altitude de 158 metros. Subimos no ponto mais alto, e esta é de fato uma posição estratégica — tem-se uma ampla visão da região cujos limites se perdem no horizonte azul. À nossa frente, do lado esquerdo, há uma gigantesca área pantanosa, e atrás de nós, à beira de uma elevação coberta pela mata, está o cemitério de heróis de Seehöhe, extremamente isolado e solitário. É curioso ver como, sobre as antigas fortificações da Guerra Mundial, já quase totalmente cobertas pela mata, está sendo construída uma nova linha de defesa: como uma larga faixa cinzenta, as colunas de tanques serpenteiam pela paisagem; em muitos lugares, há cercas de arame farpado e no ponto em que termina o lago Türkle toda uma propriedade está entrincheirada.

Ao meio-dia, fizemos uma parada num magnífico bosque de bétulas, dentro da mata, à beira de uma pequena clareira. Os cavalos estão desarreados, cada um amarrado a uma árvore. A inesgotável sacola de provisões de Sissi nos deu uma lata de sardinhas em óleo, e até mesmo chocolate chegou a aparecer. E agora estamos deitadas de costas, e o sol bate no teto translúcido de folhas e brilha em nosso rosto.

Quando abro os olhos, vejo o céu azul por detrás dos troncos brancos das jovens bétulas. De tempos em tempos, uma folha se solta e cai suavemente sobre a terra e me faz lembrar os versos de Hofmannsthal: "Wenn in der lauen Sommerabendfeier durch goldne Luft ein Blatt herabgeschwebt, hat dich mein Wehen angeschauert, das traumhaft um die reifen Dinge webt"[1]. Sim, este é o tempo da ma-

---

[1] "Quando no tépido crepúsculo estival, uma folha flutuar pelo ar dourado, terás estremecido com meu sopro, que como sonho move as coisas maduras" (Hugo von Hofmannsthal, 1874-1929). [N. T.]

turação e da completude e simultaneamente o tempo da despedida. Quantas vezes tivemos que nos despedir nesse verão! Como eram jovens todos eles, primos, irmãos, amigos — o quanto ficou incompleto, irrealizado. A natureza é mais piedosa: ela nos dá um longo verão para amadurecer e nos oferece a plenitude, antes de tomá-la de volta, pedacinho por pedacinho, folha por folha.

Não posso deixar de pensar na última crisma na pequena igreja da aldeia em Quittainen. Lá estavam oito meninas vestidas de branco e seis meninos com seu primeiro terno azul. Eu os via apenas através de um véu, pois de re-

Na primavera e no outono, todos
os caminhos ficavam intransitáveis.

pente ficou claro para mim que nenhum daqueles rapazes — assim como os seus pais — voltaria alguma vez a estar diante daquele altar e que o destino da maioria daquelas meninas seria ficar sozinha. O pároco fez seu sermão sobre o tema "Eles contam com carros e cavalos, mas nós pensamos no nome do Senhor nosso Deus". E lá fora, em frente à igreja, soldados deitados ao sol esperando. Esperando, até que finalmente, em 21 de junho, partiram em marcha contra a Rússia. Desde então, as despedidas têm sido constantes, não só das pessoas, mas de tudo o que amamos: os caminhos por onde cavalgamos tantas vezes, as árvores debaixo das quais brincamos quando crianças, a paisagem com suas cores, cheiros e lembranças.

O alazão está enfastiado e começa a se inquietar e, como é ele quem imprime o ritmo à nossa viagem, afivelamos as selas e partimos mais uma vez. Depois de alguma procura, encontramos o caminho por entre os belos choupos vermelhos pelo qual viemos, e logo estamos novamente no vasto campo aberto com suas colinas marrons e seus lagos azuis que assomam aqui e ali numa dobra ou atrás de uma serra. É verdadeiramente uma paisagem de Eichendorff[2] e, de alguma maneira, paira no ar que uma brisa movimenta uma nota da melancolia e da bem-aventurança de sua poesia.

À tarde, passamos por uma propriedade, não há movimento no campo ensolarado, apenas ouvimos o suave zunido de uma debulhadora. As portas abertas dos estábulos

---

[2] Joseph von Eichendorff (1788-1857), um dos últimos grandes escritores do Romantismo alemão. [N. T.]

dos potros olham convidativas para nós, mas temos ainda duas boas horas de luz e decidimos continuar a cavalgar. E então — talvez seja esse o clímax deste dia —, de repente, vemos diante de nós um gigantesco bordo amarelo-ouro. Lá está ele no alto de uma colina ligeiramente arborizada; ao fundo, o céu em seu esplendor fulgurante: começo e fim, plenitude e anseio, pergunta e resposta, tudo ao mesmo tempo. Lá está ele, como a árvore do conhecimento.

Seria bom poder ficar aqui, eu jamais me cansaria de olhar para essa árvore e esperar que todas suas folhas, uma a uma, caíssem no chão — grandes e belas folhas amarelas com suas hastes vermelhas. Eu me lembro do que Otto Hentig contou sobre o ritual do bordo no Japão: quando a árvore muda de cor, as famílias saem das aldeias e vão para as montanhas, sentam-se em volta do bordo e ficam olhando para ele, silenciosas e reverentes, durante todo o dia.

Seguimos por mais um trecho e, depois que os cavalos mataram a sede no lago Ublick, trotamos os últimos quilômetros até a propriedade Lindenhof, onde vive o senhor Bludau, um conhecido criador de cavalos que, conforme imaginamos, poderá ter simpatia por nossa empresa e aveia para os nossos animais. Já está no fim do dia, e, como de costume, um pouco tarde para chegar. O camarista está atravessando o pátio com o molho de chaves e nos envia para o *gnädiger Herr*, que mora numa casa feia, mas bastante vistosa para as condições locais. Toco a campainha, me apresento e balbucio meu pequeno discurso. Totalmente em vão, pois a senhora com quem falei não era a dona da casa, mas apenas uma hóspede; assim pouco depois a cerimônia se repete. Meu diagnóstico, nobreza militar de Potsdam, está correto, conforme verifico mais tarde. A dona da casa é muito gentil e está até mesmo bastante contente com nossa visita, e seu esposo, que chegou pouco depois, de culotes xadrezes e bastão, transfigurou-se depois que identificou Sissi como uma Lehndorff, e logo os dois mergulharam em todo o tipo de reminiscências das corridas de cavalos.

Estranhamente, os quartos de hóspedes possuem números, mas deixando isso de lado, tudo é perfeitamente normal e bastante luxuoso para os nossos conceitos atuais. Há até mesmo água quente, e podemos tomar um banho de verdade. Para fazer jus às circunstâncias, visto a blusa de reserva que ainda tenho limpa, o que Sissi considera um grande exagero, mas eu acredito que os anfitriões vão gostar desta atenção, pois a outra já está suficientemente batida depois de cinco dias.

1º de outubro de 1941

Acredito que em nenhum outro lugar na Alemanha se encontre tanta hospitalidade e solicitude sincera como na Prússia Oriental. Abastecidas com alguns pães e muitos bons votos, partimos na manhã seguinte, o dono da casa nos acompanha por um trecho do caminho montado numa pequena égua de 20 anos de idade, incrivelmente briosa. Antes da cidadezinha de Dankfeld, ele se separa de nós, e continuamos nossa cavalgada na direção norte, passando por Kraukeln e margeando o lago Kraukler, depois do qual nos orientamos um pouco mais para o oeste.

A região não nos agrada mais desde que o lago Kraukler ficou para trás: terra plana, estradas pavimentadas, plantações de nabos e, por fim, temos até mesmo que percorrer um trecho pela grande estrada de asfalto Lötzen-Angerburg, enquanto passam zunindo por nós inúmeros automóveis com militares, SS ou funcionários de camisas marrons.

Na primeira ramificação, viramos à esquerda em direção ao lago Dargainen e temos mais uma tarde magnífica com muita areia, água azul, colinas suaves e algumas aldeias encantadoras. À beira de um prado ensolarado, comemos o pão com manteiga da última pousada e tiramos uma soneca enquanto os cavalos pastam com os arreios folgados. Em nosso meio-sono, os escutamos arrancar o pasto e mastigar compassadamente, percebemos quando se afastam e se aproximam, até que, de repente, a grande égua morde a grama e bufa bem perto do meu ouvido me fazendo estremecer de susto.

Nossa viagem está chegando ao fim — faltam apenas 15 quilômetros para Steinort. Mais uma vez subimos no alto de um morro que domina a paisagem entre os lagos Dargainen e Gall e nos despedimos da liberdade desses dias. Depois vem a aldeia de Haarschen e a estradinha de pedras que você conhece, passamos pela casa Lorck, depois pela balsa de Kirsait e finalmente pegamos o longo caminho por dentro do bosque de Steinort. E ali estão os velhos carvalhos, um longo fio prateado de uma teia de aranha flutua sobre o pasto e em algum lugar do terreiro ouvimos um galo cantar.

Ninguém mais vai para o leste

Eram 3 horas da manhã. De que dia exatamente eu não me lembro mais, pois aqueles dias foram um grande e único caos refratário a qualquer ordenamento cronológico. Mas sei que eram 3 horas da manhã porque, por algum motivo, talvez uma necessidade documental ou mesmo por absoluto desamparo, olhei para o relógio.

Havia dias eu cavalgava acompanhando a grande coluna de refugiados em sua lenta marcha do leste para o oeste. Mas aqui na cidade de Marienburg, a multidão deve ter feito um desvio, de qualquer forma, de repente, eu me vi totalmente sozinha diante da grande ponte. Como se o gigantesco fluxo de trenós, carroças, tratores, pessoas a pé e com carrinhos de mão que cobria toda a largura das intermináveis estradas da Prússia Oriental, vertendo lenta, mas inexoravelmente, como lava sobre o vale, não fosse aterrador o suficiente, agora o abandono repentino era quase mais assustador.

Eu estava diante da longa ponte ferroviária sobre o rio Nogat. Altas e anacrônicas vigas de ferro, desfiguradas em sombras grotescas pela fraca luz de uma lâmpada balançando ao vento. Por um momento parei meu cavalo e, antes que o estrépito de seu passo sobre o piso de madeira encobrisse todos os outros ruídos, ouvi o estranho som de batidas breves e ritmadas, como se um ser de três pernas apoiado numa bengala se deslocasse custosamente sobre o ressonante chão de tábuas. A princípio, não consegui perceber do que se tratava, mas logo pude ver à minha frente três vultos de uniforme arrastando-se lenta e silenciosamente pela ponte. Um vinha de muletas, outro apoiado numa bengala e o terceiro tinha um grande curativo na cabeça e a manga esquerda de seu casaco pendia frouxa ao longo do corpo.

Todos os feridos internados no hospital de campanha haviam sido liberados para tentarem se salvar com suas próprias forças, eles disseram, mas entre cerca de mil feridos apenas eles três haviam conseguido reunir essas "forças" e todos os outros, depois de dias sendo transportados em trens sem aquecimento, sem comida e sem cuidados médicos, estavam abatidos e apáticos demais para seguir aquele conselho desesperado. Conselho? Próprias forças? Os tanques russos estavam a no máximo 30 quilômetros, talvez a apenas 20; aqueles três homens, porém, não tinham condições de percorrer mais do que 2 quilômetros por hora. Além disso, fazia de 20 a 25 graus abaixo de zero — quanto tempo ainda levaria para que o frio congelante penetrasse em suas carnes pelas feridas abertas?

Naqueles últimos seis meses, centenas de milhares de soldados haviam perdido suas vidas de forma aviltante, abandonados, fuzilados, trucidados — e aqueles três teriam o mesmo destino, tanto se tivessem ficado no hospital como tendo se decidido a marchar mais alguns quilômetros em direção ao oeste. A única questão que me parecia em aberto era se seu destino os apanharia ainda naquele dia ou somente no dia seguinte.

Meu Deus, como foram poucos os que em nosso país

imaginaram o fim dessa maneira. O fim de um povo que partiu para conquistar as panelas de carne da Europa e subjugar seus vizinhos no leste. Sim, pois era disso que se tratava, alguns deveriam permanecer escravos para sempre, enquanto outros pretendiam representar para sempre a classe dominante.

Até poucos meses antes, a liderança garantira reiteradamente que nem um só palmo do solo alemão seria entregue ao inimigo. Mas depois, quando os russos finalmente ultrapassaram a fronteira da Prússia Oriental, a população foi conclamada "a se erguer como um homem"; o *Führer*, que na verdade pretendia usar sua arma secreta somente no ano seguinte para então impor uma derrota definitiva à Rússia, dizia-se decidido a usá-la agora, mesmo prematuramente. A vitória final era apenas uma questão de vontade. Era o que afirmava a liderança. E a realidade?

Para mim, esse era o fim da Prússia Oriental: três soldados moribundos se arrastando sobre a ponte do rio Nogat em direção à Prússia Ocidental. E uma mulher, cujos antepassados haviam emigrado do oeste para a erma região a leste daquele rio 700 anos antes, que agora cavalgava de volta para o oeste — 700 anos de história apagados.

Como já disse, não sei mais exatamente quando isso aconteceu, mas foi em algum dia da segunda quinzena do mês de janeiro de 1945. Em meados de janeiro, a ofensiva russa arremetera contra uma frente tênue e frágil como o gelo na primavera. Havia divisões alemãs constituídas por apenas algumas centenas de homens. Houve unidades blindadas que arrebentaram um terço de seus veículos para obter combustível para os tanques restantes. E não houve ninguém na liderança — nem mesmo um único entre os generais condecorados em centenas de batalhas — que tivesse tido a coragem de varrer de cima da mesa a estratégia diletante de Hitler e tomar o comando em suas próprias mãos para pelo menos impedir aquela mortandade absurda.

Desde julho de 1944, quando a primeira grande ofensiva russa atingira Memel e depois Trakehnen, na Prússia Oriental, o general Guderian, chefe do Estado-Maior, vinha pedindo insistentemente permissão a Hitler para recuar as 30 divisões que ainda estavam estacionadas na Curlândia. Em vão. Trezentos mil homens, com os quais o contato estava interrompido e que, por sua vez, estavam expostos a um perigo cada vez maior, teriam sido de um valor inestimável na Prússia Oriental naquele momento. Um realinhamento da frente — e este era o plano nada otimista do chefe do Estado-Maior — teria possibilitado pelo menos a evacuação da população civil das regiões diretamente ameaçadas, enquanto a frente ofereceria resistência. Mas Hitler sempre repetia que precisava das divisões na Curlândia para, a partir de lá, abrir a grande ofensiva contra o território russo na primavera, e que, permanecendo onde se encontravam, elas estariam detendo poderosos efetivos russos. Assim, essas divisões ficaram onde não eram úteis a ninguém e a qualquer momento poderiam ser eliminadas.

Além disso, em julho de 1944, quando os russos penetraram por Vitebsk, cortando as rotas de abastecimento e cercando a frente alemã, já havia ficado claro que uma ofensiva em direção ao leste não seria mais possível. Na ocasião, as tropas russas impediram a retirada do exército alemão pelo rio Beresina; isso custou a vida a 300 mil soldados alemães, que foram exterminados nas florestas a leste de Minsk, ao mesmo tempo em que cerca de seis divisões eram dizimadas em Vitebsk, Orscha e outras localidades fortificadas da região de combate.

Era necessário, portanto, investir tudo na construção de uma nova linha defensiva em posição recuada, mas Hitler continuou aferrado às suas ilusões sobre novas ofensivas e rechaçava como derrotista qualquer medida que levasse em consideração a situação real. Em dezembro de 1944, ele até mesmo havia decidido retirar algumas divisões das posições já tão vulneráveis do leste para fortalecer no oeste a espetacular ofensiva das Ardenas — uma operação que naquelas circunstâncias todos os especialistas consideravam pura insensatez e que também logo fracassou.

E foi assim também que ilusões apoiadas no argumento "mas não pode ser que tudo tenha sido em vão" deram ensejo à proibição de qualquer medida destinada a evacuar a população civil — nem mesmo crianças ou bagagens podiam ser despachadas. E foi assim que se originou aquela situação caótica, o turbilhão pelo qual eu também fui arrastada e no qual confluíram três grandes ondas: um exército destroçado batendo em retirada, a fuga improvisada da população civil e a invasão de um inimigo ávido por retaliação e disposto aos mais extremos atos de crueldade.

Pouco antes, isto é, em meados de janeiro de 1945, eu havia sido procurada em Quittainen por um representante da administração distrital nazista em Preußisch Holland — a capital do nosso distrito — que me transmitiu uma severa advertência da administração regional em Königsberg: se eu insistisse com meus preparativos derrotistas para a fuga, eu teria que me preparar para severas medidas punitivas. Os preparativos a que ele se referia eram armações de sarrafos e esteiras de palha que eu mandara confeccionar em todas as propriedades e que deveriam servir como cobertura para as carroças. Embora isso tivesse sido realizado com toda a discrição, algum espião do partido vira aquelas estranhas estruturas num celeiro e informara imediatamente sua descoberta.

Durante todo o verão poderíamos ter estudado a melhor forma de nos equiparmos para a fuga. Desde a primavera, vínhamos assistindo à passagem de um incessante fluxo de refugiados. Assim como a tempestade no mar se anuncia quando as aves marítimas voam para o porto e buscam a proteção da terra firme, a onda russa, avançando lentamente, impelia à sua frente uma diversificada mistura de fugitivos — muito antes de que também nós tivéssemos que partir.

Os primeiros foram camponeses da Rússia Branca, com seus cavalos pequenos e carroças leves, que na maior parte das vezes levavam apenas alguns poucos pertences e as crianças pequenas. Todo o resto da família ia a pé, ao lado e atrás do carro. Um camponês com um barrete alto de peles ia na frente do veículo ou conduzia o cavalo.

Alguns meses depois, passaram os lituanos, a seguir vieram os habitantes da região de Memel e, finalmente, os primeiros prussianos orientais dos distritos do leste. Naquela época, em todas as propriedades e em muitas das aldeias, havia lugares preparados para abrigar esses refugiados, áreas de pasto na qual podiam descansar, cozinhar e soltar seus cavalos. O estado de exceção tornara-se a normalidade — e nem mesmo as curiosas crianças das aldeias viam mais com muito interesse aquela amostragem ambulante de povos.

Chamara a minha atenção o fato de que a maior parte das carroças oferecia muito pouca proteção ou então seu teto, coberto por enormes tapetes, era tão pesado que as pessoas não podiam levar a bagagem necessária. Daí as esteiras e as estruturas de sarrafos.

Um dia depois de o funcionário do partido ter me advertido e comunicado oficialmente que não havia nenhum motivo para inquietação, o prefeito recebeu uma ordem determinando que todos os homens que ainda não tivessem sido "incorporados" às Forças Armadas se apresentassem ainda na mesma noite ao *Volkssturm*. À exceção de alguns poucos que haviam sido dispensados da frente de combate por serem considerados imprescindíveis para o trabalho, essa ordem atingiu somente homens com mais de 60 anos e alguns inválidos.

Um grande pranto ergueu-se na aldeia. Lá vinham eles se arrastando, acompanhados por suas esposas desesperadas — o manco Marx, o meio cego Kather, o velho Hinz. O prefeito entregou-lhes rifles italianos com 18 cartuchos, contados, para cada um. Era tudo o que havia. E então eles partiram na gélida noite de inverno ao encontro de seu destino já de todo certo.

A missão desses homens era ocupar as fortificações que o *gauleiter* Koch mandara construir durante o verão. Depois de 20 de julho, Erich Koch, assim como todos os outros chefes nazistas das regiões orientais (Danzig, Posen, Stettin, Breslau), havia sido nomeado comissário de defesa do Reich. Enquanto tal, ele tomou para si a competência sobre uma série de decisões. Ele se recusou a submeter a convocação das milícias populares à liderança militar e colocou seus funcionários do partido nos postos de decisão. Com grande energia e com igual dose de amadorismo, ele se lançou sobre um programa de construção de trincheiras e fortificações desenvolvido por ele mesmo. Com isso, ele logo entrou em conflito com o general Reinhard, comandante dos Exércitos do Centro reunido na região oriental limítrofe. O *gauleiter* Koch mandara construir essas fortificações, boa parte das quais já havia ruído por si só antes de janeiro de 1945, exatamente onde a frente havia estacionado em julho de 1944. O general Reinhard, porém, não queria que elas fossem construídas tão próximas à linha de combate, mas sim mais recuadas, no interior da Prússia Oriental. Mas o *gauleiter* considerou essa medida derrotista, e por isso ela não foi executada.

Assim, nossos bravos homens de Quittainen partiram para as trincheiras de Koch, já meio desmanteladas e sob neve profunda — aliás, a nossa foi a única região em que elas chegaram a ser ocupadas. E as mulheres tinham toda a razão em seu desespero. Também nós tivemos que partir sem ao menos saber se os homens haviam conseguido chegar àquelas posições — tal foi a rapidez com que os acontecimentos se passaram.

Dois dias depois, devia ser, portanto, o dia 21 ou 22 de janeiro, eu me levantei bem cedo e cavalguei pela propriedade para ver como as coisas estavam. Havia problemas por toda a parte. Em Lägs, o tratorista, até então considerado indispensável para o trabalho, havia sido convocado; em Skollmen, o administrador. Cavalos haviam sido confiscados indiscriminadamente e os prisioneiros — a última força de trabalho — começavam a ficar inquietos. Os franceses temiam uma debandada geral e se perguntavam como voltariam para casa, os russos sabiam muito bem que os funcionários soviéticos os tratariam como sabotadores, pois eles haviam sobrevivido e trabalhado para o inimigo em vez de lhes cortar a garganta.

No final da tarde, quando já estava escuro, voltando para casa, eu liguei mais uma vez para a administração distrital em Preußisch Holland, que na época precisava autorizar todas as viagens de trem. Eu pedi que me emitissem uma passagem para Königsberg para às 6 horas da manhã do dia seguinte, pois queria ver como estavam as coisas em Friedrichstein, a segunda propriedade pela qual eu era responsável. Por alguns segundos, a voz do outro lado ficou em silêncio, então eu ouvi as seguintes palavras: "Mas a senhora não sabe que o distrito deve ser evacuado até a meia-noite?".

"Não tenho a menor idéia", respondi sem surpresa, mas logo novamente perplexa: "E onde estão os russos?".

"Não tenho a menor idéia", respondeu o homem.

"Sim, mas de que maneira e para onde devemos ir?"

A essa pergunta, a voz que até então nunca se cansara de repetir que as autoridades estavam cuidando de tudo e que não havia motivo para preocupações respondeu: "Para nós tanto faz, pode ser por terra, por mar ou pelo ar...".

Eu reuni as pessoas na casa do administrador e disse-lhes o que iria nos acontecer. Todos ficaram completamente consternados. Eles tinham ouvido falar tantas vezes da vitória final e que o *Führer* jamais admitiria a perda de um só palmo do território da Prússia Oriental, que simplesmente não conseguiam acreditar naquela notícia. Eu lhes dei instruções precisas sobre o quanto, ou melhor, o pouco que cada um poderia levar na carroça, recomendei expressamente o horário em que deveríamos nos encontrar na encruzilhada de Rogehn e transferi a responsabilidade para o feitor.

Todos choravam, e quando olhei para a senhora Durittke também me vieram lágrimas aos olhos. A senhora Durittke era casada com o tratorista. Era uma pessoa altiva e ao mesmo tempo modesta, uma mulher admirável. Ela cuidava dos porcos e tinha orgulho de nunca ter faltado a um dia de trabalho em muitos anos. Ela e seu marido trabalharam a vida inteira para que seus filhos pudessem ter uma vida melhor. O filho mais novo morrera em combate na França, o outro era cabo — um rapaz brilhante, íntegro e confiável, de quem qualquer exército do mundo poderia se orgulhar: um dia com certeza ele seria oficial e então todos os esforços seriam recompensados.

Mas esse dia não veio, e sim um dia no outono de 1944 em que vi a senhora Durittke atravessando o pátio lentamente, com um balde em cada mão. Aquela mulher quase bela parecia envelhecida, ausente, um fantasma de si mesma. "Pelo amor de Deus, senhora Durittke, o que aconteceu?". Ela me olhou com olhos mortiços, largou os baldes no chão e de repente me abraçou e começou a chorar convulsivamente: "O Karl morreu, hoje chegou a notícia. Agora tudo acabou. Foi tudo em vão — toda a vida".

Agora, quatro meses depois, eu a via sentada à minha frente: seu marido partira dois dias antes com o *Volkssturm*, os dois rapazes haviam morrido na guerra. Por que ela deveria fugir? E para onde? Sim, para onde, eu também me perguntava. Eu instei para que o perplexo grupo se apressasse, saí rapidamente, montei em meu cavalo e percorri os 7 quilômetros de volta até a sede central da propriedade em Quittainen. A neve rangia sob os cascos do cavalo e a estrada espelhava a luz do luar; devia estar pelo menos 15 graus abaixo de zero.

Quando cheguei a Quittainen, o senhor Klatt, nosso administrador geral, acabava de receber a notícia. Eu o encontrei sentado em seu escritório, olhando abatido para a frente, enquanto o líder nazista local, estava de pé diante dele e tentava veementemente persuadi-lo de alguma coisa. Tratava-se dos refugiados. Desde o outono, abrigávamos mais de 400 refugiados da região de Goldap. Eles haviam deixado seus lares em outubro, pouco antes de os russos tomarem Goldap, e partido para o oeste. Em novembro, quando as tropas alemãs retomaram Goldap e Nemmersdorf, sua caravana fazia uma parada em nossa propriedade e desde então eles estavam esperando para ver que rumo tomariam os acontecimentos. Foi durante esse período que foram divulgados publicamente os primeiros materiais que documentavam o que se passava quando os russos conquistavam uma localidade.

Naqueles anos, estávamos tão acostumados com o fato de que tudo o que era publicado ou divulgado pelos órgãos oficiais fosse mentira, que a princípio pensei que as imagens de Nemmersdorf também fossem falsificadas. Depois, porém, ficou comprovado que não era esse o caso. De fato, mulheres nuas foram crucificadas e pregadas nos portões dos celeiros, meninas de 12 anos foram violentadas. Posteriormente, foram encontradas em Nemmersdorf 62 mulheres e crianças chacinadas em suas casas. Também eram verdadeiras as fotos que mostravam mulheres mortas com vestidos rasgados jogadas nas ruas e sobre montes de esterco.

Esses refugiados de Goldap, portanto, haviam passado o inverno conosco e com isso nossas provisões tinham sofrido uma redução significativa. Isso não me preocupava muito, pois eu sabia que nós mesmos não as utilizaríamos mais. Mas isso parecia ser motivo de inquietação para a direção do partido, e algum brilhante funcionário teve a idéia de mandar os homens, justamente no início de janeiro — já ouvíamos o troar dos canhões — com os cavalos de volta para Goldap, a 250 quilômetros de distância, para que aproveitassem as provisões locais. E agora tínhamos 380 mulheres e crianças, prontas para partir, com as carroças carregadas, mas sem poder colocá-las em movimento, porque os homens haviam sido mandados de volta com os cavalos e naquele momento provavelmente já haviam sido massacrados pela frente russa.

Numa tentativa de evitar essa situação que fatalmente se apresentaria, eu propusera dois dias antes aos prefeitos da região colocar nossos tratores à disposição dos refugiados de Goldap para que eles pudessem rebocar suas carroças e partir o mais depressa possível sem que tivéssemos que nos preocupar mais com eles. Mas os prefeitos tinham milhares de reservas: que nós precisaríamos dos tratores para o plantio na primavera e depois quem poderia garantir que eles seriam devolvidos em bom estado... Assim esse plano não foi colocado em prática.

Agora o líder local estava diante de nós declarando que tinha instruções para que levássemos os refugiados conosco — o que obviamente não tínhamos a menor condição de fazer. Apenas sobre seu cadáver — ele disse — partiríamos sem eles. O administrador Klatt, um homem alto e robusto, com bochechas vermelhas e cabelos loiros repartidos ao meio, era considerado um excelente especialista em toda a região. Por toda a parte, ele era chamado para dar seu parecer. Os nazistas teriam gostado imensamente de tê-lo aliciado e feito dele um líder de um círculo camponês. Ele havia sido convidado duas vezes a entrar para o partido, tanto de forma lisonjeira quanto com argumentos mais contundentes, mas as duas vezes ele conseguiu encontrar um pretexto para recusar. Depois ele comentou: "Eu não quero ter nada a ver com esses patifes". Então ele se levantou, lançou um olhar fulminante para o funcionário do partido, que na vida civil era o nosso taberneiro, e não lhe dirigiu mais nenhuma palavra.

Depois disso, no escuro da noite, nós dois saímos pela aldeia, sempre nos revezando, para exortar as pessoas a levarem apenas o estritamente necessário. Mas nossos conselhos e instruções se perderam no caos geral no qual também foram anulados todos os meus preparativos. Havia alguns meses, eu tinha na gaveta uma espécie de "plano de mobilização", onde estava especificado qual homem, entre aqueles que ainda havia, conduziria qual carro em que propriedade. O que cada família poderia levar no máximo e o que me parecia ser o mínimo necessário. Além disso, eu mandara reproduzir clandestinamente mapas topográficos onde constavam todas as estradas e as balsas de travessia dos rios Nogat e Vístula. Cada propriedade receberia diversos desses mapas, pois estava claro que seria difícil atravessar rios cujas pontes provavelmente já teriam sido destruídas por um ou por outro lado da frente.

Todos esses preparativos tiveram que ser simplesmente esquecidos. O caos era tamanho que, diante da perplexidade e do desespero gerais, não faria sentido querer recuperar esses planos. Também não era mais possível entrar em contato com as outras propriedades para partirmos todos juntos como fora programado. Será que encontraríamos os outros no caminho? Voltaríamos a nos ver algum dia? Eu preciso escrever novamente — pela última vez — os nomes dessas propriedades, todos esses belos nomes que ninguém mais diz, para que pelo menos fiquem registrados em algum lugar: Quittainen, Comthurhof, Pergusen, Weinings, Hartwigs, Mäken, Skollmen, Lägs, Amalienhof, Schönau, Gr. Thierbach, Kl. Thierbach, Nauten, Canditten, Einhöfen.

Naquela época, estávamos de tal forma acostumados a conviver com a guerra e com os absurdos dos nazistas que, sem estarmos propriamente conscientes disso, agíamos e pensávamos em dois planos distintos. Dois planos que constantemente se sobrepunham, embora na verdade um excluísse o outro. Assim, eu já sabia havia muitos anos (e não apenas desde a eclosão da guerra, mas sim desde o tempo de universidade, em Frankfurt, quando eles tomaram o poder...) que um dia perderíamos a Prússia Oriental. E apesar disso vivíamos como se... como se tudo fosse continuar, como se tudo dependesse de entregar a propriedade em boas condições e com melhorias para a próxima geração. Cada vez que construíamos uma casa ou um celeiro, a cada máquina nova que adquiríamos, meus irmãos e eu costumávamos dizer entre nós: "Os russos vão gostar". Embora estivéssemos convencidos da falta de sentido e de futuro de tudo, o presente continuava tão importante como sempre. E ainda podia acontecer de ficarmos indignados com uma obra mal executada, um erro numa fatura ou um campo semeado incorretamente.

Havia meses, sabíamos que em breve teríamos que nos despedir para sempre. Mas três dias antes de partir, quando minha irmã, com seu marido e seu genro, que estavam em casa por um breve período de licença, chegaram a Quittainen para uma visita, nós atrelamos os trenós e saímos para caçar. Durante toda uma tarde, deslizamos em silêncio pela floresta recém-coberta de neve, seguindo rastros pelos pinheirais, percorrendo o denso povoamento florestal de uma seção a outra. Por toda a parte, encontramos pegadas recentes: um gamo, lebres, um pesado javali. Naquela tarde, a única coisa que importava era o javali, como se fosse uma caçada de tempos ancestrais. E quando finalmente "acertamos" um cervo, empreendemos uma autêntica busca que durou horas. Naquele momento, 10 mil soldados alemães e russos sangravam na neve e no gelo daquele inverno impiedoso.

No mesmo dia, eu tomei conhecimento de uma notícia muito importante — e naqueles dias não havia nada mais decisivo do que "estar por dentro"... Até o dia 20 de julho, eu, na distante Prússia Oriental, quase sempre estava melhor orientada sobre a situação do que boa parte da liderança, que não conseguia mais distinguir entre a sua própria propaganda e os fatos concretos, entre a ilusão e a realidade. Mas depois de 20 de julho, quando todos os amigos foram presos e eu estava em grandes dificuldades, as notícias me faziam muita falta.

Naquele dia, porém, meus parentes trouxeram a seguinte informação: o *Führer* mandara prender os três homens mais importantes da Divisão de Operações — três homens que por acaso conhecíamos pessoalmente. Isso acontecera da seguinte maneira: em meados de janeiro, a ofensiva russa arremetera suas tropas em duas linhas, como pinça. Uma linha de ataque avançava pelo norte em direção à Prússia Oriental, e em oito dias os russos conseguiram penetrar de Ostrolenka via Allenstein até Frisches Haff, onde a vanguarda blindada chegou em 21 de janeiro, isolando a província do restante da Alemanha; a parte sul da pinça já havia partido da frente de Baranow em 12 de janeiro na direção de Varsóvia.

Naqueles dias em que a frente oriental alemã foi totalmente desbaratada e ninguém possuía uma visão clara da situação, o tenente-coronel von Christen, que se encontrava na Divisão de Operações em Zossen, recebeu de Cracóvia o comunicado de que Varsóvia havia caído. Ele retransmitiu textualmente a notícia ao tenente-coronel von Knesebeck, o primeiro oficial do Estado-Maior, que, por sua vez, informou o coronel von Bonin, chefe da Divisão. A notícia, no entanto, havia se antecipado aos acontecimentos efetivos — Varsóvia só viria a cair dois dias depois. Quando Hitler recebeu a ligação de Bonin e, com um segundo telefonema, verificou que não era correta, mandou prender os três oficiais que casualmente estavam envolvidos, deixando acéfala a Divisão de Operações — isso em plena fase final, tão decisiva quanto desesperada.

Saber dessa história, que evidentemente não podia ser lida em nenhum lugar, de fato me pareceu muito importante, pois ela mostrava que o fim não poderia estar longe. Quem manda prender o chefe de sua Divisão de Operações em plena crise acusando-o de derrotismo por ter retransmitido um comunicado recebido regularmente também deve ter tido a sensação de estar próximo do fim.

Essa estranha mentalidade dos nacional-socialistas — querer o impossível, substituir a falta de forças por ilusões e tratar como traidores os que não compartilham dessas ilusões — adquiriu contornos surpreendentes justamente naqueles dias de janeiro. Quando a situação era a pior possível e as conseqüências dos desvarios da alta liderança ficaram patentes, "o maior estrategista de todos os tempos" começou a atirar furiosamente para todos os lados, soldados foram fuzilados e generais depostos. Naqueles dias desesperadoramente críticos de janeiro em que centenas de milhares de alemães — civis e militares — perderam a vida, Hitler substituiu o comando do exército como quem troca de camisa: o coronel-general Reinhard, comandante-em-chefe dos Exércitos do Norte foi substituído pelo coronel-general Rendulic; o coronel-general Harpe, comandante-em-chefe do Grupo A dos Exércitos, pelo general Schörner. Além disso, o general Hossbach, comandante-em-chefe do 4º Exército, e o general Mattern foram exonerados. Finalmente, em 23 de janeiro, Heinrich Himmler, que nunca havia lidado com estratégia antes, foi nomeado comandante-em-chefe do recém-criado Grupo dos Exércitos de Vístula, que obviamente existiu muito mais no papel do que na realidade.

Mas voltemos à nossa partida e à fuga. Eu arrumei rapidamente uma mochila com o que me parecia imprescindível: roupas, algumas fotografias e papéis. Um alforje com produtos de higiene, curativos e meu velho crucifixo espanhol; de qualquer forma, eu já o tinha pronto e sempre à mão. Trudchen, minha cozinheira, preparou às pressas uma refeição leve, que fizemos juntas, e as duas secretárias também se juntaram a nós. A senhorita Markowsi, a mais velha, muito competente, era uma fervorosa adepta de Hitler, que durante anos se rejubilara com cada comunicado especial do *Führer* — agora ela estava em silêncio, mas estou convencida de que se perguntava se não eram os incrédulos ou os "traidores" os responsáveis por aquele colapso. Provavelmente ela nunca pôde esclarecer essa questão, pois a pobre mulher foi parar em Danzig e lá embarcou no *Gustloff*, que foi torpedeado pelos submarinos russos em Stolp no dia 30 de janeiro e afundou com seis mil refugiados e soldados a bordo. O *Gustloff* era um dos quatro navios de passageiros que haviam sido transformados em cargueiros e que na época estavam em Danzig e seriam enviados para Lübeck, quando Dönitz ordenou a evacuação do golfo. A ordem era levar para o oeste tantos passageiros quanto fosse possível fazer embarcar. O mesmo destino do *Gustloff* teve o luxuoso vapor *General Steuben*, de 17 mil toneladas, que uma semana depois, abarrotado de feridos, afundou no caminho de Pillau para o oeste.

Terminamos então nossa rápida refeição: quem podia saber quando teríamos algo para comer novamente... Depois nos levantamos, deixando a comida e os talheres em cima da mesa, e passamos pela última vez pela porta de casa, sem trancá-la. Era meia-noite.

Enquanto isso, lá fora, o comboio havia se formado. Eu corri para o estábulo e aparelhei meu cavalo, que eu sabia que resistiria a todas as atribulações, e recomendei ao cocheiro que atrelasse ao seu carro a minha égua branca Draulitter, da qual eu gostava muito. Mas em sua agitação o velho homem se esqueceu dessa recomendação e ela acabou ficando para trás, junto com todos os outros animais.

De Quittainen até a cidade de Preußisch Holland eram apenas 11 quilômetros. Uma boa hora de viagem, era o que normalmente calculávamos. Naquele dia, levamos 6 horas. As estradas pareciam uma pista de gelo, os cavalos escorregavam, o cupê, no qual havíamos acomodado duas pessoas doentes, a toda hora parava atravessado na estrada. Vindos de todas as estradas secundárias, irrompiam outros comboios e congestionavam os cruzamentos, até que, a 1 quilômetro da cidade, tudo ficou definitivamente travado. Ficamos parados mais de 2 horas, sem avançar um centímetro. Finalmente, decidi cavalgar até a cidade para ver o que estava acontecendo por lá. Eu também estava bastante interessada em saber o que estariam fazendo àquela hora os funcionários de camisa marrom que apenas três dias antes haviam considerado derrotismo quaisquer preparativos para a fuga e estavam dispostos a punir severamente qualquer um por isso.

Abrindo caminho por entre a infinidade de carroças e pessoas, eu me dirigi à sede distrital do partido nazista. Todas as portas estavam abertas, pedaços de papel queimado rodopiavam pelo ar. Havia pastas jogadas no chão. Todas as salas estavam vazias. "Eles foram os primeiros a cair fora, os canalhas", disse um camponês, que estava ali bisbilhotando como eu. Sim, eles haviam ido embora. E, se Deus quisesse, logo todos os outros também. Mas a que preço! Quanto nos teria sido poupado, se a ação de 20 de julho — seis meses antes — tivesse tido êxito, não pude deixar de pensar.

A cidade parecia uma plataforma giratória bloqueada: as caravanas de refugiados haviam chegado pelos dois lados, bloqueando todo o tráfego, agora não era mais possível ir para frente nem para trás. Fui até o correio e vi que o velho e bom correio ainda estava funcionando. Enquanto lá fora o caos arremetia contra suas paredes e os líderes haviam debandado, lá estavam os velhos funcionários do correio em seus postos.

Eu consegui até mesmo telefonar para Friedrichstein, que ficava a 120 quilômetros a leste, além de Königsberg. Lá a situação ainda era normal, dessa normalidade anormal que já havia muito era característica de nossa vida. Em todo o caso, lá eles ainda não haviam recebido uma ordem de evacuação. Aliás, eles nunca chegariam a recebê-la. De qualquer forma, já era tarde demais para isso. Exatamente no momento em que eu falava ao telefone, a 25 quilômetros dali os tanques russos avançavam pelo sul em direção a Frisches Haff. A Prússia Oriental estava isolada e para os que não residiam nos distritos da fronteira ocidental como nós, a ordem de evacuação era inútil. Para estes, restava apenas a saída pelo porto congelado.

Depois de 2 horas, quando me reencontrei com nosso comboio, já estavam todos congelados e totalmente desesperados. Fazia 20 graus negativos. O próprio senhor Klatt não via nenhum sentido naquela fuga. "Já que os russos vão nos apanhar, é melhor que seja em casa"— era mais ou menos a fórmula em torno da qual havia se criado um consenso. E, além disso, todos juntos haviam tomado uma outra decisão: eu deveria tentar fugir para o oeste com meu cavalo, pois eu sim, com certeza, seria executada, enquanto eles apenas teriam que ordenhar as vacas e debulhar os cereais para os russos no futuro. Naquele momento, nem eles nem eu suspeitávamos o quão equivocada era a idéia de que nada aconteceria aos trabalhadores.

Sem grandes despedidas, subi rapidamente no meu alazão, e refleti por um momento se não deveria levar meu outro cavalo para revezar: uma égua castanho-escura de 4 anos, robusta e de boa conformação. Enquanto eu pensava, um soldado veio até mim. Estranhamente, ele carregava uma sela debaixo do braço e perguntou se podia montar no cavalo. Partimos então os dois juntos.

Quase não falávamos um com o outro — cada um tinha os seus próprios pensamentos e preocupações. Cavalgamos o dia inteiro, sempre com a sensação de estar numa fila de espera: à nossa frente, atrás de nós, por todos os lados, pessoas, cavalos, carroças. De vez em quando, eu via um rosto conhecido ou lia o nome de uma propriedade conhecida numa plaqueta pendurada atrás de uma carroça. Depois da cidadezinha de Preußisch Holland, encontramos artesãos e pequenos comerciantes que haviam partido com um carrinho de mão, no qual ia sentada a avó da família ou acomodavam seus pertences. Meu Deus, que cena! E para onde iriam todas aquelas pessoas? Elas pensavam de fato em percorrer centenas e mais centenas de quilômetros daquela maneira?

Já era noite alta. Estávamos em cima das selas havia mais de 10 horas e ainda não tínhamos chegado a Elbing. Estava cada vez mais difícil avançar, pois agora desembocavam no nosso movimento leste-oeste os comboios militares que fugiam do sudeste: carroças baixas puxadas por pôneis russos transportando munição e equipamentos; depois vieram os tanques, empurrando impiedosamente as carroças dos refugiados para as valas à beira da estrada, onde muitas capotavam e se partiam.

De repente, fomos detidos por um oficial que estava parado no meio da estrada, como uma pedra imóvel no meio de um rio, atento à passagem de soldados desertores. Apesar da escuridão, ele percebera que meu acompanhante estava usando uniforme. "O quê? Licença? Isso não existe mais". Minhas tentativas de convencê-lo também foram totalmente infrutíferas. O soldado teve que desmontar e desapareceu no escuro da noite, de repente lá estava eu puxando um segundo cavalo que se deixava conduzir tanto quanto um vitelo sendo levado para o abate. Não havia a menor possibilidade de prosseguir daquela maneira por dias a fio. Eu não sabia o que fazer: parar não era possível, ir em frente a égua não queria. Então ouvi alguém chamar meu nome na escuridão, olhei para a multidão e vi três moradores de Quittainen, entre eles Georg, o filho de 15 anos de nosso inspetor florestal. Eles estavam de bicicleta. Foi uma sorte: Org encostou sua bicicleta numa árvore à beira da estrada e montou na égua castanha.

Havíamos combinado que nos reuniríamos os quatro para descansar numa propriedade que eu conhecia, pouco antes de Elbing. Lá nos encontramos. Os donos já haviam partido, e a casa estava ocupada por militares. Depois de algumas horas de descanso, acordei com uma sensação desconfortável: os comboios militares que vinham do sudoeste passavam apressadamente. Eram 2 horas da manhã. Eu acordei os outros, atarraxei novos rompões — sem os quais seria impossível cavalgar sobre o gelo liso — nas ferraduras de ambos os cavalos e fui falar com o telefonista, que ao chegar eu vira num escritório improvisado, para tentar saber alguma coisa sobre a situação. "O quê? A senhora ainda está aqui? A senhora tem que partir imediatamente. Recebemos uma ordem para explodir a ponte. Vá depressa que ainda conseguirá atravessar."

Novamente o frio glacial. E novamente a grande coluna na qual nos enfileiramos. E depois de 18 horas de marcha, mais algumas horas de sono, das quais eu fui acordada por uma voz alta que repetia no mesmo tom: "Saiam todos, os russos estão em...". Essa aldeia, cujo nome agora não me ocorre, havia sido a última pela qual passáramos e, portanto, eu sabia que ela ficava a apenas 3 quilômetros. Era o prefeito, a quem pertencia a casa e que acabara de receber a notícia. Eu acordei Org, e juntos tentamos acordar os soldados que estavam dormindo no chão do vestíbulo. Totalmente em vão.

Muito devagar, em câmara lenta — como que para registrar indelevelmente as imagens — a paisagem da Prússia Oriental passava por nós como o cenário de um filme surrealista. Elbing, Marienburg, com cuja história minha família estava ligada de diversas maneiras, e depois Dirschau. Dirschau parecia um palco gigantesco para uma apresentação ao ar livre de *Wallenstein*, o drama de Schiller sobre a Guerra dos Trinta Anos: uma multidão sem fim, com uma estranhíssima indumentária. Aqui e ali uma fogueira, na qual alguém cozinhava. O estrondo dos canhões agora já estava muito perto, por vezes as casas pareciam todas tremer. Buscamos refúgio numa propriedade nos arredores da cidade. Enquanto um dormia num sofá, o outro vigiava os cavalos no estábulo, pois naqueles dias um cavalo valia todo um reino. Mas não foi um descanso verdadeiro, o tempo todo entravam pessoas na casa, pegavam uma caixa ou um lenço, abriam um vidro de conserva, e também nós comemos de verdade pela primeira vez daquela despensa.

De repente, eu me senti vencida por tanta dor e miséria ao meu redor e comecei a me arrepender de não ter voltado para casa junto com nosso pessoal. A idéia de tentar revogar aquela decisão e talvez ainda poder me desvencilhar daquele rolo compressor de repente me pareceu fascinante: se de vez em quando alguns trens ainda partiam lotados para o oeste, por que também alguns não voltariam vazios para o leste? Talvez eu conseguisse chegar a Königsberg e de lá até Friedrichstein. Fui até a estação. Ali também outra vez milhares de pessoas. Evidentemente, nenhum guichê aberto, nenhuma informação, nada. Por fim, encontrei um funcionário: "O quê? Para Königsberg?". Ele olhou para mim como se eu estivesse querendo ir para a Lua e sacudiu a cabeça. "Não, ninguém mais vai para o leste."

Em Dirschau, minhas luvas forradas de pele haviam sido roubadas — provavelmente tirei-as da mão por um momento em algum lugar e demorei um pouco para pensar nelas de novo. Foi um duro golpe, com conseqüências inesperadas. Não havia a menor possibilidade de conseguir um outro par. E nem a menor possibilidade de cavalgar a 20 graus abaixo de zero sem luvas. Estranhos tempos, em que a sobrevivência dependia de se ter ou não luvas. Como eu havia calçado dois pares de meias de esqui, um por cima do outro, um deles foi promovido a luvas. Mas o vento sibilava pelo tecido tricotado como se através de uma peneira.

Havíamos verificado em nosso mapa que era perfeitamente possível seguir para o oeste por estradas secundárias, esquivando-nos assim do fluxo de refugiados, que avançava apenas 2, no máximo 3 quilômetros por hora. Havia horas que passávamos mais tempo parados do que em movimento. Isso acontecia sempre que havia uma cidade adiante, na confluência de estradas laterais ou quando um carro quebrava. Já nas primeiras tentativas, tivemos que desistir da idéia de desviar pelo campo nessas ocasiões, pois o acúmulo de neve era grande demais até para os cavalos.

Estradas secundárias — uma idéia quase redentora. Fugir daquela paisagem de dor e desespero. No começo foi tudo muito bem, mas com o tempo começaram os problemas. Sobretudo para os cavalos, que muitas vezes tinham que passar por trechos em que a neve lhes chegava até a barriga. Foi ficando cada vez mais escuro. Aparentemente, não havia aldeias ali na região de Kaschuben, que fazia parte do antigo corredor polonês, apenas alguns pequenos povoados, cujos moradores não entendiam alemão. Até que, finalmente, não dava mais para ver o caminho. Org estava totalmente desesperado. O pobre sentia dores insuportáveis por causa do longo tempo de cavalgada, ao qual ele não estava acostumado, e além disso suas duas orelhas tinham congelado — eu estava com dois dedos enregelados em cada mão, que no dia seguinte começaram a sangrar e doíam terrivelmente.

Tínhamos que encontrar uma propriedade, mesmo que fosse para apenas poder comer alguma coisa. Eu desmontei e entrei num daqueles casebres extremamente pobres. A família estava sentada sob a luz de um lampião a querosene tomando uma sopa de leite. Todos olharam para mim apavorados, certamente me tomando por um dos primeiros arautos da fúria bélica. O entendimento foi difícil, mas pelo que pude depreender havia uma grande propriedade a cerca de 3 quilômetros. Finalmente, o comovente homem até mesmo pegou a lanterna do estábulo e andou ao nosso lado pela colina até a próxima casa, e de lá seu vizinho nos levou até a próxima colina, de onde já era possível ver a estrada e a propriedade.

A propriedade pertencia a um senhor chamado Schnee. Havia bastante aveia, muito mais do que o esperado, mas para dormir, como de costume, apenas o chão da sala, onde já se encontravam cerca de 20 pessoas, aparentemente todos moradores do "corredor" e da região de Warthe, grande parte dos quais já se conhecia. Eles falaram muito de suas lembranças do período após a Primeira Guerra Mundial, no qual, pelo visto, não faltaram atrocidades da parte dos poloneses. Depois de ter me tornado bastante indesejável com um relato sobre as atrocidades alemãs, tratei logo de adormecer.

Minhas esperanças de que na casa dos Schnee eu talvez pudesse conseguir um par de luvas eram infelizmente ilusórias. Eles já haviam se desfeito de tudo o que não era imprescindível. Mas me ofereceram uma grossa gabardina e agulha e linha, e eu passei a metade de um dia costurando um par de luvas para mim. E por sorte Org recebeu um gorro, branco por fora e forrado de peles por dentro. Por sorte, pois os dias que se seguiram foram piores do que tudo o que já havíamos passado.

A temperatura havia caído ainda mais e, além disso, começara — o que é de fato bastante raro com um frio muito intenso — um vento leste de intensidade ciclônica. Quando finalmente, prontos e equipados, havíamos deixado a casa e cavalgávamos sob a proteção das sebes que margeavam a estradinha, avistamos ao longe, além de um campo, novamente a grande legião seguindo sua marcha pela estrada principal. Não estava nevando, mas por toda a parte a neve rodopiava no ar. Como que através de um espesso véu branco, víamos a desventurada multidão se arrastando lentamente, muito lentamente, os casacos açoitados pelo vento, os tetos de muitas carroças quebrados. Enfileiramo-nos nesse cortejo fantasmagórico e vimos os primeiros corpos abandonados no caminho. Ninguém tinha forças, tempo ou possibilidade de enterrá-los.

E assim prosseguimos por dias e semanas. Vindos do lado direito e do lado esquerdo da estrada, a cada vez se juntavam mais veículos, cada vez mais pessoas. E isso não acontecia apenas ali no nordeste da Alemanha; já desde o outono essa cena se repetia no sudeste: comboios e mais comboios. Na Bessarábia, no Banat, na Transilvânia e em Batschka, em antiqüíssimas regiões de colonização alemã, a população em fuga desesperada rumo ao oeste, deixando para trás a pátria em chamas. Quem se decidira a ficar, já havia muito fora apanhado por seu destino. Setecentos anos de história apagados também na Transilvânia.

Jamais me esquecerei de muitas dessas cenas. Em algum lugar do caminho — creio que entre Bütow e Berent —, havia um ponto da estrada em que era possível avistar 3 quilômetros a frente e 3 quilômetros atrás em linha reta. Nesses 6 quilômetros, não dava para ver um só metro quadrado do leito da estrada, apenas carroças, cavalos, pessoas e desgraça. Ninguém falava. Apenas se ouvia o ranger das rodas que secavam pouco a pouco.

Uma outra imagem: deve ter sido ainda na Prússia Oriental, um dia passaram por nós três tanques apinhados de refugiados — mulheres e crianças levando consigo malas e sacolas, civis e militares —, eu nunca tinha visto uma tal fusão de normalidade e anormalidade, de vontade de destruição e de sobrevivência. Era assustador. Por algum motivo, eles pararam um momento. Um camponês disse: "Vocês deviam deter os russos em vez de empurrar a gente para fora da estrada". Um dos soldados, um sujeito irado, com a fita preta, branca e vermelha tremulando no botão da farda, respondeu-lhe aos berros: "Já estamos cheios dessa merda!".

E quando finalmente estávamos em condições um pouco melhores e havíamos ultrapassado várias carroças, de repente vimos à nossa frente a estrada tomada por prisioneiros franceses. Eram centenas e mais centenas, talvez milhares. Muitos deles haviam pregado duas ripas de madeira embaixo de suas maletas de papelão, à guisa de trenó, e as puxavam por um barbante. Ninguém dizia uma palavra. Apenas se ouvia o rangido estridente das caixas e das malas. E por toda a volta a solidão infinita da neve, como na retirada da *Grande Armée* 130 anos antes.

E ainda uma impressão inesquecível: já marchávamos havia cerca de 14 dias, quando uma noite chegamos a Varzin, uma grande propriedade no distrito de Rummelsburg que o chanceler Bismarck adquirira com a doação que recebera depois de 1866: grandes e magníficos bosques, agricultura administrada de modo exemplar.

Já havíamos atravessado os rios Nogat e Vístula, e eu pensei que ali, pela primeira vez, poderíamos nos demorar um pouco mais. Finalmente chegar a algum lugar — uma idéia redentora. Atravessamos o portão do parque e subimos pelo caminho ligeiramente ascendente até o castelo. Lá em cima, diante do portão principal, havia um trator e duas grandes carretas com pneus de borracha. Bem, outros comboios já chegaram aqui, pensei, tomara que ainda haja lugar na casa. Mas para minha grande surpresa, eu soube que não se tratava da bagagem de refugiados da Prússia Oriental, mas sim dos Arquivos de Bismarck, que estavam sendo retirados. Portanto, também ali estavam de partida. E eu que pensara o tempo todo que haveria paz depois do Vístula.

Naquela época ainda vivia a nora do chanceler, uma

senhora bem velhinha, pequenina e extremamente divertida, que em sua juventude fora motivo para alguns narizes torcidos: ela montava nas caçadas, fumava charutos e se distinguia por seu humor e presença de espírito.

E ela era ainda incrivelmente cativante, tão cativante que eu não consegui me decidir — o que era bastante recomendável — a partir no dia seguinte. Ficamos, portanto, dois dias. Dois dias memoráveis. Lá fora, os refugiados passavam lentamente pelo campo, e sempre que os últimos haviam passado, pessoas do local juntavam-se a eles e se tornavam elas mesmas refugiadas. Também ali chegara o momento limite. O trator que tínhamos visto na frente do castelo já havia partido sem a velha condessa, que ninguém conseguira convencer a deixar Varzin. Todas as advertências e prognósticos foram infrutíferos. Ela estava perfeitamente consciente de que não sobreviveria à invasão dos russos. Mas ela também não queria sobreviver e por isso mandara cavar para si um túmulo no parque (porque depois ninguém mais teria tempo para isso).

Ela queria ficar em Varzin e desfrutar de sua pátria até o último momento. E ela fez isso com toda a grandeza. À sua volta, tudo permanecia como antes. O velho criado, que também não quis ir embora, servia à mesa. Havia vinhos tintos maravilhosos, um após o outro — safras com as quais apenas se sonha com veneração. Nenhuma palavra sobre o que estava acontecendo lá fora e sobre o que ainda sobreviria. Ela contava histórias divertidas e ricas em detalhes sobre os velhos tempos, sobre o seu sogro, sobre a corte imperial e o tempo em que seu marido, Bill Bismarck, fora presidente da Prússia Oriental.

Quando finalmente me despedi e prosseguíamos nossa

cavalgada, a meio caminho do portão, olhei mais uma vez para trás. Ela estava na porta do castelo, absorta em seus pensamentos, e acenou novamente com seu minúsculo lencinho. Acho até que ela estava sorrindo — não deu para ver direito.

Poucos dias depois, também na Pomerânia, chegamos no final da tarde a uma propriedade um pouco afastada da estrada principal. Eu desci do cavalo, subi a escada externa da casa e bati na porta, enquanto Org segurou os dois cavalos na penumbra. Com certeza, os proprietários haviam observado as duas figuras e seus cavalos por uma janela. Eu vestia um barrete alto de cor preta e um casaco de peles coberto com um tecido verde e cinza, amarrado por um cinto. Pode ser que se parecesse um pouco com um capote militar. De resto, tratava-se do meu antigo sobretudo de viagem, que, com a ajuda de uma faca, eu transformara numa capa de montar abrindo-o da bainha até a cintura.

Estranhamente, demorou muito para que abrissem a porta. Finalmente, o dono da casa veio pessoalmente. Muito pálido e circunspecto. Eu disse quem era: ele permaneceu em silêncio, sem me convidar para entrar. Então de repente ele se virou e gritou na direção da escada: "Não são os russos!". Então uma família aliviada irrompeu pela escada, e nós trocamos boatos — pois nem eles nem eu tínhamos notícias de verdade.

A casa estava cheia de refugiados: parentes, conhecidos, visitantes inesperados como eu. À noite, foi posta uma longa mesa para a refeição, iluminada por algumas velas — luz elétrica não havia mais. O dono da casa fez a oração com grande seriedade. Ele estava sentado na cabeceira e distribuiu a sopa com uma certa cerimônia. A dor da despedida estava presente em todos, em cada gesto, em cada palavra, até no silêncio.

Se a leste do Vístula, as casas e os celeiros nos quais nos abrigávamos por algumas horas ou para passar a noite estavam sempre abandonados, na Pomerânia, ao contrário, tudo ainda estava intacto — o que "intacto" podia então significar. Mas os habitantes locais temiam que um dia também lhes viesse a acontecer o mesmo que a nós — embora a mim parecesse totalmente improvável que também eles precisassem fugir.

O quão próxima estava a hora de seu destino, porém, nem eles nem eu imaginávamos naquela noite. Estávamos em meados de fevereiro. No dia 26 de fevereiro, o general Schukow atacou a Pomerânia. Em 28 de fevereiro, seus tanques — massacrando refugiados e habitantes da região — já haviam atingido Köslin e Schlawe. Os tanques alemães que deveriam detê-los possuíam 10 granadas cada um. As guarnições extenuadas lutavam sem esperanças. Para cada tanque alemão havia 10 russos.

Na despedida da Pomerânia, houve quem acenasse para nós quase com um pouco de inveja. Quem desejasse pelo menos ter mandado conosco as crianças e as jovens e algumas coisas de valor. Mas aqui também o mesmo se repetia: era rigorosamente proibido. E por toda a parte havia gente que denunciava por pretenso patriotismo, e por isso ninguém ousava desobedecer. Nunca antes o líder de um povo fez tão bem o papel de seu inimigo, nunca antes o comandante supremo de um exército levou seus próprios soldados, centenas de milhares de soldados, à morte com uma estratégia tão amadorística; nunca antes alguém que afirmava ser o pai da nação conduziu pela própria mão seu povo para o matadouro e impediu qualquer possibilidade de fuga. Ele, que dizia que o espaço vital dos alemães era pequeno demais, ele que partiu em busca de sua ampliação, privou milhões de alemães de sua pátria de centenas de anos e reduziu a Alemanha a um mínimo. Muito antes de a guerra eclodir, havia em Berlim uma piada em que Stalin se referia a Hitler como seu *gauleiter*.

Às margens do rio Oder, as tropas alemãs tentaram explodir o gelo e com isso criar uma espécie de barreira para os tanques. Não deu certo. Depois ainda foi feita uma tentativa com foices, como era o costume em minha infância para "fazer gelo", que depois era conservado em porões até o verão. Mas também isso não foi possível, pois, com quase 30 graus abaixo de zero, os pedaços se rejuntavam antes que pudessem ser retirados.

Quando finalmente faltava pouco para chegarmos a Stettin, os disparos dos canhões já estavam tão altos e, como me parecia, tão perto, que eu nem quis tentar passar por aquela ratoeira — decidimos então, o que muitos comboios estavam fazendo, ir para o litoral e cavalgar pelas ilhas Usedom e Wollin e depois pela Pomerânia Ocidental e Mark.

Houve um momento em que nos juntamos a três oficiais que conheciam bem a região e estavam indo por estradas secundárias para um local em cujas proximidades eu também queria chegar, pois esperava encontrar lá uma parte de minha família. Finalmente escapar das grandes rotas de fuga. Nossos cavalos, animados pelos outros, percorreram 150 quilômetros em três dias. Mas quando finalmente, tarde da noite, chegamos à propriedade em Uckermark, soubemos que naquela noite 800 oficiais poloneses haviam se alojado ali, e que todas as edificações, a casa, os estábulos e os celeiros estavam ocupados. Aqueles infelizes haviam passado anos em algum grande campo de prisioneiros e agora, ao serem transferidos, uma parte deles havia sido massacrada pelos russos. Mil e duzentos oficiais poloneses haviam sido aprisionados. Os camaradas restantes pareciam ter idéias bastante desesperançosas quanto ao seu destino, pois a única coisa que fazia sentido era fugir para o oeste. Quantos ainda não seriam arrastados por aquela avalanche de calamidades!

Talvez nunca antes eu tivesse ansiado tanto por um momento como pelo reencontro com minha cunhada e com meus sobrinhos. Havia semanas eu também esperava finalmente poder tomar um banho e vestir outras roupas, pois deixara minha mochila para trás já no segundo dia por ser um estorvo grande demais. Mas então eu soube que a família havia partido três dias antes. Eu não podia compreender que houvesse necessidade de fugir na região de Prenzlau. E para onde iriam aquelas pessoas? Do que iriam viver?

Portanto, mais uma vez nos pusemos a caminho — "chegar" pelo visto era uma palavra que tínhamos que riscar do nosso vocabulário. Continuamos por Mark, Mecklenburg e pela Baixa-Saxônia em direção a Vestefália. Eu atravessei os três grandes rios que antes haviam caracterizado nossa Alemanha Oriental: o Vístula, o Oder e o Elba. Eu partira na lua cheia, vira chegar a lua nova, mais uma vez a lua cheia e de novo a lua nova.

Eu saíra de casa com meu cavalo no mais rigoroso inverno e, quando finalmente cheguei a Metternichs, na região de Vinsebeck, na Vestefália, era primavera. Os pássaros cantavam. As semeadeiras levantavam poeira nos campos. Tudo se preparava para um novo começo. A vida realmente continuaria como se nada tivesse acontecido?

* * *

Foram necessárias décadas para que eu aceitasse intimamente o que sobreveio mais tarde: a perda da pátria. Por muito tempo, contra toda a racionalidade, desejei que um milagre acontecesse, embora por minha intensa ocupação com a política, eu soubesse que nesse âmbito não acontecem milagres; mas, ao lado da consciência do dia, existe também a noite com seus sonhos.

Finalmente, percebi que era preciso renunciar ao uso da força se quiséssemos que as mortes e as expulsões criminosas tivessem um fim. Meu lema, defendido em muitas discussões, havia sido até então: renunciar ao uso da força, mas não ao território, como exigiam os poloneses. Justificativa: se eles não se convencessem da renúncia ao uso da força, também não dariam crédito à renúncia ao território. Mas em 1970, quando o gabinete Brandt assumiu o governo e então finalmente começou a exercer sua *Ostpolitik*, que eu defendia desde o final da década de 1950, essa política de panos quentes não me parecia mais defensável; se quiséssemos uma normalização, era necessário um posicionamento claro quanto a uma fronteira definitiva. Quando foi que cheguei a essa amarga conclusão? É sempre difícil precisar quando se pensou em alguma coisa; neste caso porém está lá, em preto no branco, no prefácio do meu livro publicado em 1962, *Namen die keiner mehr nennt*[1]:

---

[1] *Nomes que ninguém mais diz* (Marion Dönhoff, 1909). [N. T.]

"Quando foi ficando cada vez mais claro que a fórmula simplista 'renúncia à força: sim, renúncia ao território: não' não podia mais ser uma resposta, pois agora era necessário um grande 'sim' ou um grande 'não', também tive que lutar interiormente por um posicionamento claro. Escolhi o doloroso sacrifício de um 'sim' concessivo, quando a recusa de um 'não' teria significado retaliação e ódio.

Eu também não posso acreditar que alguém dê provas do supremo amor pela pátria partindo cheio de ódio contra aqueles que a tomaram e apedrejando os que concordam com uma conciliação. Quando penso nas florestas e nos lagos da Prússia Oriental, em seus vastos campos e em suas velhas alamedas, estou certa de que eles permanecem exata e incomparavelmente belos como antes, quando eram a minha pátria. Talvez seja este o grau máximo do amor: amar sem possuir."

Friedrichstein no inverno.

Este livro foi composto em
Adobe Garamond e Cochin
pela Bracher & Malta,
com fotolitos do Bureau 34
e impresso pela RR Donnelley
em papel Pólen Soft 80 g/m^2
da Cia. Suzano de Papel
e Celulose para a Editora 34,
em novembro de 2002.